体育运动

地掷球 曲棍球
DIZHIQIU QUGUNQIU

主编 张 瑜 张妍昕
　　　张 强 兴树森

走进**大自然**
走到阳光下
养成**体育锻炼**好习惯

吉林出版集团股份有限公司 全国百佳图书出版单位

图书在版编目(CIP)数据

地掷球 曲棍球 / 张瑜等主编.—长春：吉林出版集团股份有限公司，2011.6（2024.1 重印）
ISBN 978-7-5463-5718-8

Ⅰ.①地… Ⅱ.①张… Ⅲ.①地掷球运动—青年读物 ②曲棍球运动—青年读物 Ⅳ.①G849.9-49 ②G849.1-49

中国版本图书馆 CIP 数据核字（2011）第 117602 号

地掷球 曲棍球

主编	张瑜 张妍昕 张强 兴树森
责任编辑	赵萍
出版发行	吉林出版集团股份有限公司
印刷	三河市同力彩印有限公司
版次	2011 年 7 月第 1 版 2024 年 1 月第 8 次印刷
开本	787mm×1092mm 1/16 印张 10 字数 100 千
地址	吉林省长春市福祉大路 5788 号 邮编 130000
电话	0431-81629968
电子邮箱	11915286@qq.com
书号	ISBN 978-7-5463-5718-8
定价	45.80 元

版权所有 翻印必究
如有印装质量问题，请寄本社退换

《体育运动》编委会

主　　任　宛祝平
编　　委　支二林　方志军　王宇峰　王晓磊　冯晓杰
　　　　　田云平　兴树森　刘云发　刘延军　孙建华
　　　　　曲跃年　吴海宽　张　强　张少伟　张铁民
　　　　　李　刚　李伟亮　李志坚　杨雨龙　杨柏林
　　　　　苏晓明　邹　宁　陈　刚　岳　言　郑凤家
　　　　　宫本庄　赵权忠　赵利明　赵锦锦　潘永兴

目录 CONTENTS

地掷球

第一章 运动保护
第一节 生理卫生……………………2
第二节 运动前准备…………………3
第三节 运动后放松…………………9
第四节 恢复养护……………………11

第二章 地掷球概述
第一节 起源与发展…………………14
第二节 特点与价值…………………15

第三章 地掷球场地、器材和装备
第一节 场地…………………………20
第二节 器材…………………………23
第三节 装备…………………………25

第四章 地掷球基本技术
第一节 基本环节……………………28
第二节 握球方法……………………29
第三节 准备姿势……………………31
第四节 掷球方法……………………32

第五章 地掷球基础战术
第一节 滚靠球战术…………………42

第二节　击球战术·····················44
　　第三节　掷目标球战术·················55
　　第四节　击目标球战术·················57
　　第五节　布局战术····················58
　　第六节　调节战术····················59
　　第七节　心理战术····················60
　　第八节　阵容配备战术·················61
第六章　地掷球比赛规则
　　第一节　程序······················64
　　第二节　裁判······················71

曲棍球

第七章　曲棍球概述
　　第一节　起源与发展··················80
　　第二节　特点与价值··················82
第八章　曲棍球场地、器材和装备
　　第一节　场地······················86
　　第二节　器材······················88
　　第三节　装备······················90

目录 CONTENTS

第九章 曲棍球基本技术
第一节 基本握棍法·······················94
第二节 击球···························95
第三节 推球··························104
第四节 挑球··························107
第五节 推挑球························109
第六节 停球··························110
第七节 垫击球························117
第八节 单手技术······················117
第九节 运球··························121
第十节 反棍弹击······················126
第十一节 守门员技术··················127

第十章 曲棍球基础战术
第一节 基本战术打法··················136
第二节 战术阵形选择··················138

第十一章 曲棍球比赛规则
第一节 程序··························144
第二节 裁判··························148

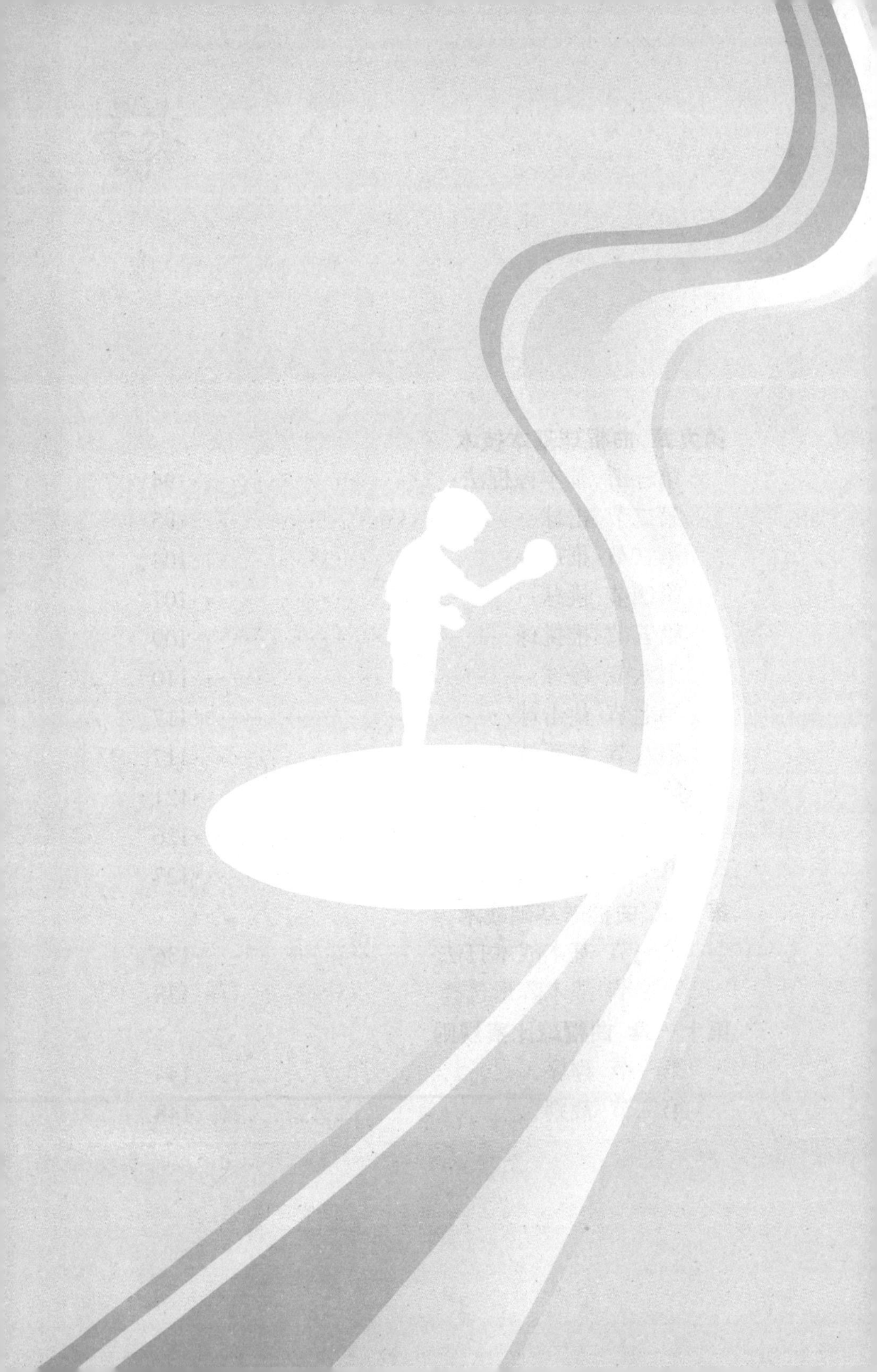

地掷球

第一章 运动保护

"生命在于运动",但是盲目、不科学的运动非但不能起到强身健体的作用,反而会给身体带来一定的伤害。只有掌握体育锻炼的一般性生理卫生知识,科学地进行体育锻炼,才能起到健身强体的作用。

第一节 生理卫生

青少年在进行体育运动时，除了应进行一般性的身体检查和必要的咨询外，还要注意培养运动兴趣和把握适当的运动强度。

一、培养运动兴趣

在进行体育运动前，必须培养自己对体育运动的兴趣。培养对体育运动的兴趣方法有很多，如观看体育比赛，与同学、朋友进行体育比赛等。有了浓厚的兴趣，就能自觉地投入体育运动之中，从而达到理想的体育锻炼效果。

二、把握运动强度

因为青少年进行体育运动，主要是在享受运动的过程中增强体质，提高健康水平，而不仅是为了创造运动成绩，所以运动强度不宜过大。控制运动强度最简单的办法是测定运动时的脉搏。对青少年来说，运动时的脉搏控制在每分钟140次左右较为合适。

第二节 运动前准备

运动前进行充分的准备活动，对于青少年来说是非常重要的。一些青少年体育运动爱好者，常常不重视运动前的准备活动，从而导致各种运动损伤，影响运动效果，也容易失去对体育运动的兴趣，甚至产生对体育运动的畏惧心理。因此，青少年在进行体育运动前，必须做好充分的准备活动。

一、准备活动的作用

运动前做好充分的准备活动能够对肌肉、内脏器官有很大的保护作用，同时还可以提前调节运动时的心理状态。

（一）提高肌肉温度，预防运动损伤

运动前进行一定强度的准备活动，不仅可以使肌肉的代谢过程加强，温度增高，黏滞性下降，提高肌肉的收缩和舒张速度，增强肌力，同时还可以增加肌肉、韧带的弹性和伸展性，减少由于肌肉剧烈收缩而造成的运动损伤。

（二）提高内脏器官的功能水平

内脏器官的功能特点之一就是生理惰性较大，即当活动开始、肌肉发挥最大功能水平时，内脏器官并不能立刻进入

最佳活动状态。

（三）调节心理状态

青少年进行体育锻炼不仅是身体活动，而且也是心理活动。研究证明，心理活动在体育锻炼中起着非常重要的作用。体育锻炼前的准备活动，可以起到心理调节的作用，即接通各运动中枢间的神经联系，使大脑皮层处于最佳兴奋状态。

二、如何进行准备活动

一般来说，准备活动主要应考虑内容、时间和运动量等问题。

（一）内容

准备活动可分为一般准备活动和专项准备活动。一般准备活动主要是一些全身性的身体练习，如跑步、踢腿、弯腰等。一般准备活动的作用在于提高整体的代谢水平和大脑皮层的兴奋状态，减少运动损伤的发生。专项准备活动是指与所从事的体育锻炼内容相适应的动作练习。

下面介绍一套一般准备活动操，供青少年运动前使用。这套活动操主要包括头部运动、肩部运动、扩胸运动、体侧运动、体转运动、髋部运动和踢腿运动等。

1. 头部运动

头部运动的动作方法(见图1-2-1)是：

两手叉腰，两脚左右开立，做头部向前、向后、向左、向右以及绕环运动。

2. 肩部运动

肩部运动的动作方法(见图1-2-2)是：

手扶肩部，屈臂向前、向后绕环以及直臂绕环。

3. 扩胸运动

扩胸运动的动作方法(见图1-2-3)是：

屈臂向后振动及直臂向后振动。

4. 体侧运动

体侧运动的动作方法(见图1-2-4)是：

两脚左右开立，一手叉腰，另一臂上举并随上体侧屈而摆。

5. 体转运动

体转运动的动作方法(见图1-2-5)是：

两脚左右开立，两臂体前屈，身体向左、向右有节奏地扭转。

6. 髋部运动

髋部运动的动作方法(见图1-2-6)是：

两脚左右开立，两手叉腰，髋关节放松，向左、向右各做360°旋转。

7. 踢腿运动

踢腿运动的动作方法(见图1-2-7)是：

两臂上举后振，同时一腿向后半步，然后两臂下摆后振，同时向前上方踢腿。

地掷球曲棍球

图 1-2-1

图 1-2-2

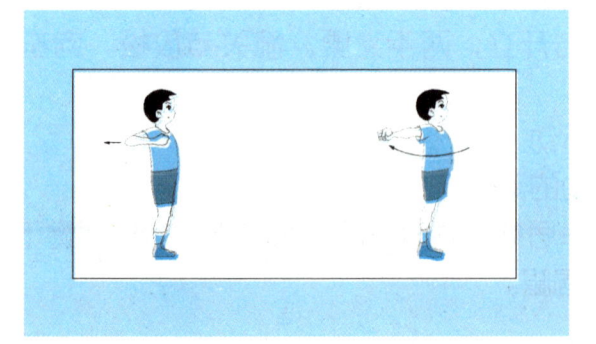

图 1-2-3

YUNDONG BAOHU 运动保护

图 1-2-4

图 1-2-5

图 1-2-6

007

图 1-2-7

(二)时间和运动量

准备活动的时间和运动量随体育锻炼的内容和量而定,由于以健身为目的的体育运动量较小,因此准备活动的量也相对较小,时间也不宜过长,否则,还未进行体育锻炼身体就疲劳了。半小时的体育锻炼,准备活动时间一般以 10 分钟左右为宜。

第三节 运动后放松

进行剧烈的体育运动后,有些青少年习惯坐在地上,或是直接躺下来休息,认为这样可以快速消除疲劳。其实不然,这样做的结果不仅不能尽快地恢复身体功能,反而会对身体产生不良影响,正确的做法应该是运动后做一些整理活动,放松身体。

一、运动后整理活动的必要性

运动后的整理活动不但可以避免头晕等症状,还可以有效地消除疲劳。

(一)避免头晕

人体在停止运动后,如果停下来不动,或是坐下来休息,静脉血管失去了骨骼肌的节律性收缩,血液会由于受重力作用滞留在下肢静脉血管中,导致回心血量减少,心血输出量下降,造成暂时性脑缺血,出现头晕、眼前发黑等一系列症状,严重者甚至会出现休克。为了避免这些症状的发生,整理活动是非常必要的。

(二)消除疲劳

除了避免头晕等症状的发生，运动后的整理活动还可以改善血液循环状态，达到快速消除疲劳的目的。

二、放松方法

在运动后放松时，应注意以下几个问题：

（1）做一些放松跑、放松走等形式的下肢运动，促进下肢静脉血的回流，防止体育锻炼后心血输出量的过度下降；

（2）在下肢活动后进行上肢整理活动，右臂活动后做左臂的整理活动，通过这种积极性休息，使身体功能得到尽快恢复；

（3）整理活动的量不要过大，否则整理活动又会引起新的疲劳；

（4）在进行整理活动时，应当保持心情舒畅、精神愉快的感觉。

第四节 恢复养护

人体在运动后，除采用休息和积极性体育手段加速身体功能的恢复外，还可以根据体育运动的特点，补充不同的营养物质，以尽快消除疲劳。

体育运动结束后，人体内会产生一种叫作乳酸的酸性物质，它的积累会造成机体的疲劳，使恢复时间延长。所以，我们在体育运动后，应多补充一些碱性食物，如蔬菜、水果等，而动物性蛋白等肉类食品偏"酸"，在运动后的当天可适当减少摄入。

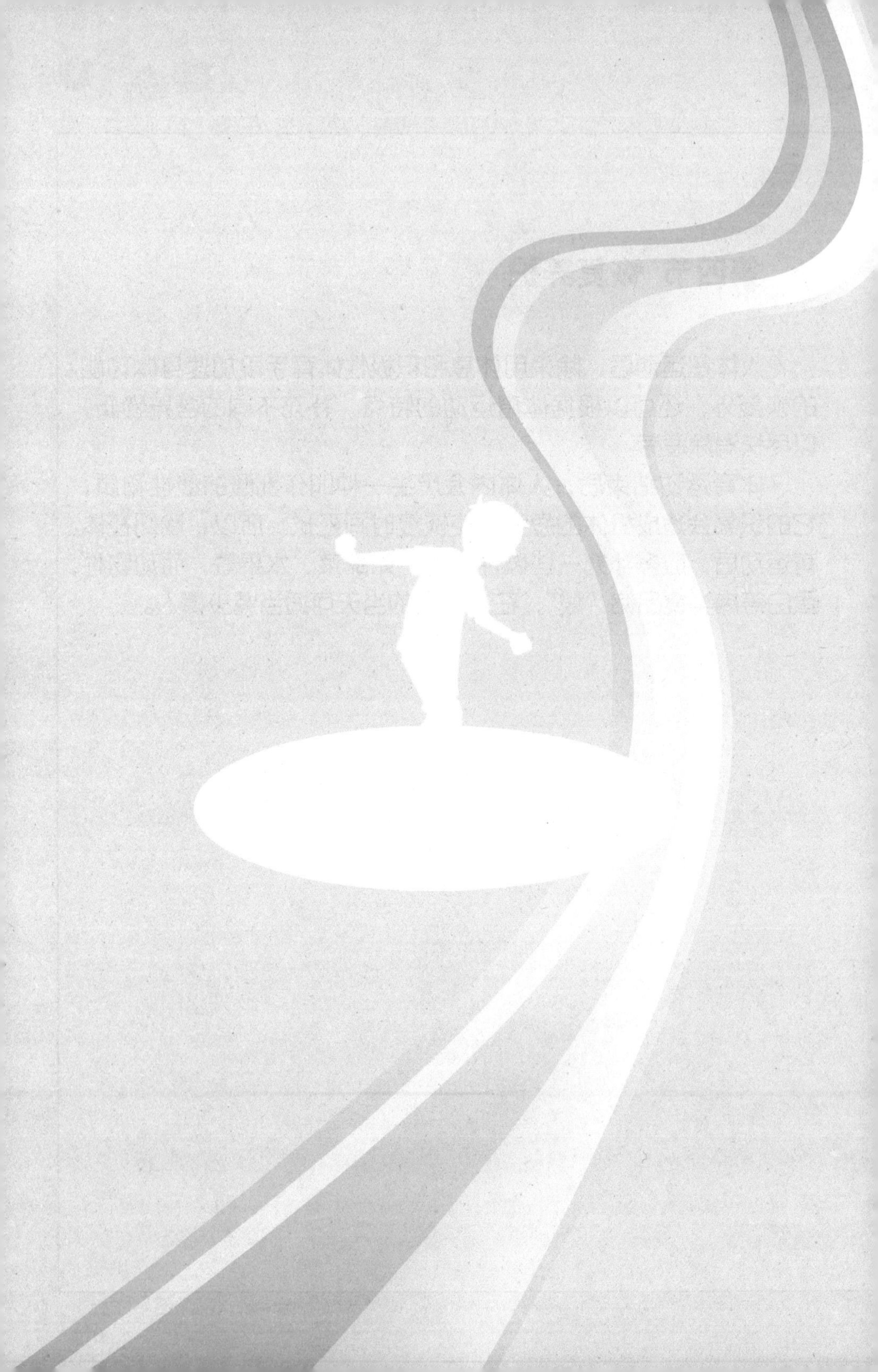

第二章 地掷球概述

地掷球运动是一项高雅的大众化竞技运动。它运动量不大，技巧性很强，战术变化无穷，趣味性很浓，是一项极好的青少年运动项目。地掷球比赛是体能和技艺的抗衡，也是意志和思维的较量。在参与地掷球运动的过程中，不仅身体可以得到锻炼，精神还可以得到愉悦和陶冶。

第一节 起源与发展

地掷球运动起源于欧洲，有着悠久的历史。19世纪以后，这项运动流传到世界各地。20世纪以来，各种地掷球组织相继成立，使这项运动蓬勃开展起来。

一、起源

地掷球最初是一项娱乐活动。相传在古希腊、古罗马时期，农民们用石头磨制成圆形的球进行投掷游戏，这就是地掷球运动的前身。由于这种娱乐方式简单有趣，很快便广泛流行起来。

古罗马帝国军队的长官曾鼓励士兵在广场和道路上打地掷球，借以提高部队官兵的素质。在英国女王伊丽莎白一世的宫廷里，地掷球游戏也曾风行一时。后来，人们将石球改为用橄榄木制成的球，使球的重量、尺寸进一步规范起来。

19世纪，随着欧洲移民的迁移，地掷球运动传到世界其他地区。20世纪初，地掷球在欧美国家有了较大发展，使这一娱乐性活动成为一项体育竞技项目。球的材料被金属和合成塑料所取代，球的重量、尺寸、圆度等都有了一定规格的要求，地掷球技术也从简单化逐步走向成熟。

二、发展

随着地掷球运动的兴起,众多的地掷球俱乐部相继成立。1944年3月,南美国家地掷球联合会成立。1953年,西欧一些国家成立了欧洲地掷球联合会。

1983年9月,在瑞士基亚索举办了第一届世界地掷球锦标赛,并召开了国际联席会议。会议决定成立国际地掷球联合会,基本统一了地掷球竞赛规则,决定每两年举行一届世界锦标赛和一届"洲际杯"赛。国际地掷球联合会的诞生,竞赛规则的统一,以及世界锦标赛的举行,使地掷球运动在世界各地迅速发展起来。

1991年,国际地掷球联合会将世界锦标赛改为每四年举办一次,将"洲际杯"赛改为每两年举办一次的"冠军俱乐部世界杯"赛,增加了每两年举办一次的包括女子和青年参加的"世界单打锦标赛"。

目前,世界上已有近五十个国家加入国际地掷球联合会,国际地掷球联合会已成为国际奥委会承认的单项体育协会。地掷球运动作为奥运会的开展项目,必将会有长足的进步与发展。

第二节 特点与价值

自地掷球被列为奥运会竞赛项目以来,许多国家都非常重视提高地掷球队员的技术水平。由于其特有的运动价值,地掷球运动在普通民众中也普及开来。

一、特点

(一)滚靠球运用率高

地掷球比赛中,远距离区域往往成为决定双方胜负的主要区域,这就需要大量运用滚靠球来接近目标或制约对方得分。在滚靠球的运用率上升的同时,其技术也更加细腻、灵活,控制范围也更广,运用效果越来越好。每次大型比赛的最后名次基本上能够反映出参赛各队滚靠球技术的总体水平。

(二)技术要求全面

地掷球比赛中,每一次投掷都有可能改变整个局势,这就要求每一名队员都要具有全面的掷球技术,以及较强的技术变换能力和区域转换能力,这样才能应对变幻莫测的场上局势。

二、价值

(一)改善身体状况

经常参加地掷球运动,能够锻炼上肢、下肢等身体部位的肌肉,调节中枢神经系统的功能,提高对身体的控制能力,全面改善身体状况。

(二)提高心理素质

地掷球运动对人的思维和反应能力要求很高，参与者在比赛过程中要机智、沉着、果断，这对提高人的心理素质具有很大的帮助。

(三)愉悦身心

地掷球运动的技巧性强，趣味性浓，战术运用变化无穷，使参与者在运动中同时得到身体上和精神上的愉悦。

第三章 地掷球场地、器材和装备

地掷球运动场面激烈,具有很强的观赏性和竞技性,对场地、器材和装备都有较高的要求。高质量的场地是地掷球运动开展的前提,而良好的器材和装备是运动参与者发挥较高水平的必要保证。

第一节 场地

地掷球运动对场地的要求较高，正规的比赛场地有着严格的标准，初学者应该对此有所了解。

一、比赛场地和规格

地掷球比赛必须在平整的场地上进行。国际比赛场地和国内比赛场地的规格也不相同。

（一）国际比赛场地规格（见图 3-1-1）

(1) 球场长 26.8 米，宽 4.5 米；
(2) 球场四周是以木制或其他非金属材料制成的围板，围板高度 25 厘米，允许误差正负 2 厘米；
(3) 场端的围板必须是活动的，置于固定端板下部，可以摆动；
(4) 固定端板是用木材或其他有弹性的材料制成（不能用金属），可将球挡回；
(5) 固定端板和围板的总高度为 1.5 米。

图 3-1-1

(二)国内比赛场地规格

(1)场地长 26.5 米,宽 4.5 米;

(2)场地两端的端板必须悬挂在空中,可以摆动,端板下沿距地面不能大于小球直径;

(3)围板高 25 厘米(允许误差正负 2 厘米),围板厚 3~4 厘米;

(4)场地两侧围板上要有明显的基准线,场区要依照基准线画有相应的横断线,线宽均为 0.5 厘米;

(5)沙土场地在不能用白粉、涂料等标出横断线时,可用线绳等代替,但不能影响运动员的技术发挥。

二、场区划分

场地被规则地划分为若干区域,必须用有色材料(火白粉、石灰粉、油漆或其他涂料)标出横断线。在两侧围板上应标出与横断线相应的垂直基准线(见图3-1-2)。

(1)A 和 A'线与场端重合,是运动员最远的起步线;

(2)B 和 B'线是掷小球、滚靠球和滚击球时,运动员到达的最远线;

(3)B 和 B'线之间是掷小球的最大范围,掷出的小球不得超过远端的 B 或 B'线;

(4)C 和 C'线是抛击时运动员到达的最远线,滚击时掷出球的落点必须超出此线,这也是掷滚靠球后运动员到达的最远线;

(5)D 线(中线)是掷小球的最近距离,小球必须掷过 D 线才有效,D 线是滚击或抛击后运动员到达的最远线。

比赛开始前,裁判员必须检查场地横断线和测量工具是否合乎规定。如赛前未进行检查,比赛开始时所用场地横断线及测量工具应继续用到终场。场地上的横断线如果部分或全部被抹去,须以两侧围板上的基准线为准,重新标出。

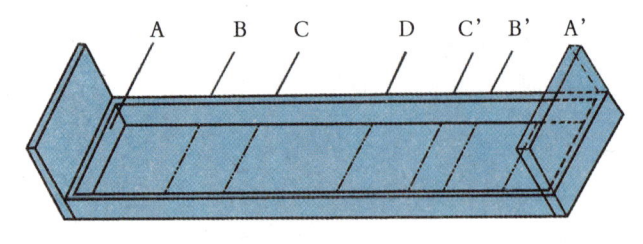

图 3-1-2

第二节 器材

地掷球运动是一项球类运动,对球的要求比较严格。同时,作为一项竞技运动,裁判用具也显得极为重要。

一、球

(一)规格

国内正式比赛所用的大球和小球,必须是经过国家体育总局有关部门审定的球。

1. 小球

直径为 40 毫米,正负误差 1 毫米,重量为 60 克,正负误差 5 克。

2. 大球

成年、老年和青年男女统一使用直径为 107 毫米、重量为 920 克的球。

(二)颜色

大球的颜色必须是与场地表面不同的颜色。比赛时要准备足够的用球，同时每个场地上都要备用两个以上两种颜色的大球和小球。

二、裁判用具

（1）裁判尺有 70 厘米、40 厘米、13 厘米 3 种规格（见图 3-2-1）；

（2）每个场地配备 2～3 米长的钢卷尺、30 米长的皮卷尺、挑边器和副裁判员标位用具各 1 个。

图 3-2-1

第三节 装备

地掷球并不需要特别专业的装备。参加比赛的各队运动员，应着整齐划一的服装，上衣必须有领，下着长裤，场上队长戴有标志。衣料质地要柔软，一般为吸汗性和透气性较好的棉制品。穿着要舒适得体、整洁干净，以表示对对手、裁判员和观众的尊重。

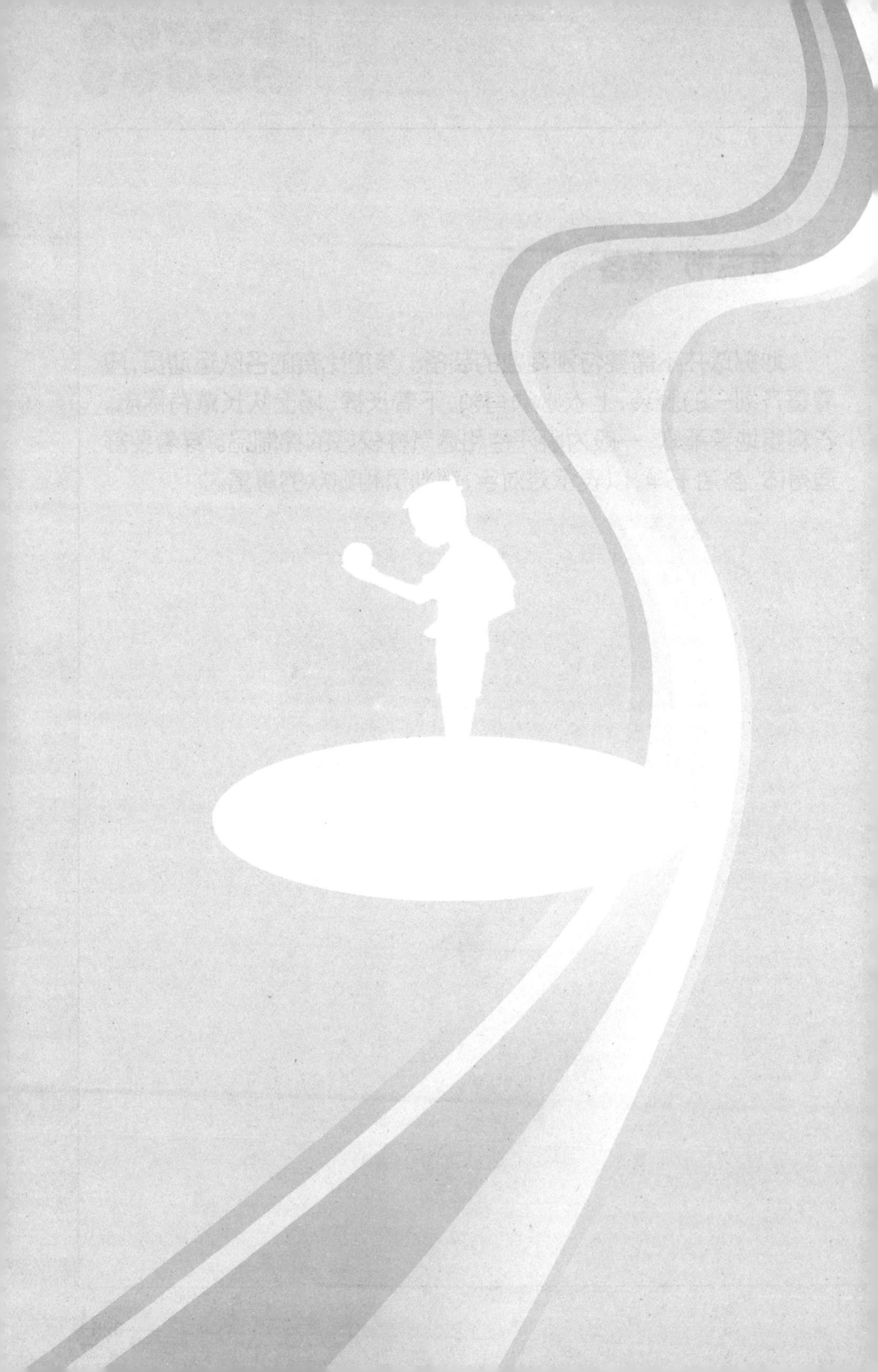

第四章 地掷球基本技术

　　地掷球技术是指运动员在比赛中所采用的合理掷球动作和为完成掷球动作所必不可少的其他配合动作的总称。合理的地掷球动作应符合人体解剖学和运动生物力学原理，符合运动员个人的生理、心理特点，符合地掷球比赛规则的要求，完成动作时应做到协调、轻松、省力、准确和优美，并能充分发挥人的体能和技能。

第一节 基本环节

在地掷球比赛中,运动员每次掷球都包括观察、决策、掷球和还原等基本环节。

一、观察

为了提高掷出球的技术质量,争取最好的掷球效果,运动员应对场地、对方运动员的掷球路线和技术特点、场上双方已掷出球的布局情况等,认真地进行观察,尽可能多地获取正确判断的依据。

二、决策

根据观察到的布局情况和双方掷出球的数量和顺序,对于限制对方得分或少得分、争取本方得分或得高分的可能性等各种因素,进行综合分析,决定掷球方式和目标。

三、掷球

根据选定的掷球方式和目标,确定掷球路线和位置,沉着、果断地将球掷出。

四、还原

当球掷出后，随着掷球动作的结束，运动员应上步缓冲放松，并迅速回到规则所允许的范围内。

第二节 握球方法

根据运动员掷球时出手方式的不同，可分为托掷式和甩掷式两种握球方法。握球方法可根据每个人的具体情况（如手的大小及生理特点等），在细节上有所不同，但应防止握球过紧或过松。过紧会影响手臂肌肉的协调性与灵活性，过松易使球从手中滑落。

一、托掷式

托掷式的动作方法（见图4-2-1）是：
（1）掌心向上，五指自然分开；
（2）将球置于食指、中指和无名指的指端；
（3）拇指自然卡在球的正后方并指向掷球方向（或偏向其自然伸出方向），其他四指贴球；
（4）掌心略空，球的重心投影在中指（或中指与无名指之间）指根处。

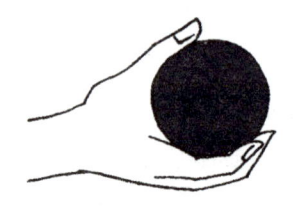

图 4-2-1

二、甩掷式

甩掷式的动作方法(见图 4-2-2)是：
(1)掌心向上,五指自然分开；
(2)将球置于掌心靠前的位置,手指略屈紧贴球面,拇指与小指夹在球的两侧；
(3)掌心略空,球的重心投影在中指(或中指与食指之间)指根处。

图 4-2-2

第三节 准备姿势

地掷球比赛虽然竞争激烈,但与下棋一样,对抗是内在的,运动员之间没有直接的身体接触,完成一次掷球动作的时间较为从容。为了能够长时间集中注意力和保持身体的协调性,准备姿势应做到情绪沉稳集中,身体自然放松,动作方法(见图4-3-1)是:

(1)两脚平行或前后(相差半步)站立,身体重心落在两脚之间;

(2)以右手持球为例,右臂自然弯曲,肘关节靠近身体;

(3)掌心向上托球于胸部右前侧,手腕自然伸直,前臂与上臂夹角90°左右;

(4)两眼注视掷球目标。

图4-3-1

第四节 掷球方法

地掷球比赛可用 3 种不同的方式将球掷出,即滚靠球、滚击球和抛击球。

一、滚靠球

掷滚靠球是运动员用球沿地面滚动,并使其靠近目标球,或根据战术需要将球滚动到某一区域的掷球方法,是比赛中最常用、最基本的一项技术。

(一)动作方法(以右手掷球为例)

1. 高姿(站立式)(见图 4-4-1)

(1)两脚前后分开一步,目测好掷球路线及目标的距离后,两膝略屈,上体前倾与地面成 60°～70°角;

(2)持球手接近地面,身体重心移向前脚,保持自然平衡;

(3)右手握球以肩关节为轴,直臂从垂直位置经前脚内侧(左脚在前时)或外侧(右脚在前时)匀速向前摆送;

(4)当摆至体前手臂与地面成 50°～60°角时,将球柔和地推送出手;

(5)球出手时,用手腕控制好球的力度和方向;

(6)球出手后,身体重心随势前移,上步并收回手臂。

图 4-4-1

2.低姿(蹲距式)(见图 4-4-2)

(1)两脚平行站立,目测好掷球路线及目标的距离;

(2)脚向前跨出半步,屈膝下蹲,重心置于前脚,身体保持平衡;

(3)右手持球以肩关节为轴,直臂从垂直位置经前脚外侧向前摆送;

(4)当摆至体前手臂与地面成 36°～40°角时,将球柔和地推送出手,身体重心随势前移,起立上步。

图 4-4-2

(二)规则要求

(1)球出手瞬间,前支撑脚不能超越 B 线;

(2)掷出的球在滚动中若撞击了另外的球(包括目标球),被撞球从原位移动最多不能超过 70 厘米;

(3)掷出的球不能触及场地围板(先触及其他球例外);

(4)掷球后随球跟进时最远不能超过 C 线。

二、滚击球

掷滚击球是运动员用球沿地面滚动(或跳动)去撞击目标的一种掷球方法,目的在于击中不同的目标,使赛场局势产生有利于本方的变化。

（一）动作方法（以两步助跑为例）

1. 托掷式（见图4-4-3）

（1）在B线后两米处做好准备，正对目标，右手托球置于胸部右前侧，选择好掷球路线；

（2）开始掷球时左脚上步，上体略前倾，同时右手握球，以肩关节为轴由体前经体侧向后自然挥摆；

（3）当后摆至一定程度时，右脚上步，身体重心随之移向右脚，并保持身体的平衡与稳定，同时持球手臂向前摆送，以适当的出手角度将球掷出；

（4）球出手后，手臂继续前送，身体重心随势前移，上步制动。

图4-4-3

2.甩掷式(见图4-4-4)

甩掷式的动作方法只在摆臂和球出手时与托掷式有所区别。当手臂向后摆动经过体侧时,前臂内旋180°。当后摆至一定程度时,手臂呈掌心向上、手指向后的反握球状态,上步后主要以肩带动手臂挥摆和手腕前甩的力量将球掷出。

甩掷式的优点是掷出的球带有不同程度的向后旋转,能减少球在滚动时的跳动,在击中目标后(击目标球除外)掷出球本身也容易及时停止向前滚动。

图4-4-4

(二)规则要求

(1)在掷滚击球时,球出手前支撑脚不能超过 B 线;
(2)掷出球的第一落点必须超过近端 C 线;
(3)首先击中所声明的目标方为有效;
(4)掷球后顺势跑动,最远不能超过 D 线。

三、抛击球

掷抛击球是运动员用球直接或借助限定的地面去撞击所声明的目标的一种掷球方法,目的在于击中不同的目标,使赛场局势产生有利于本方的变化。

(一)动作方法(以三步助跑为例)

1. 托掷式(见图 4-4-5)

(1)在 B 线后一米处做好准备,身体正对目标,右手托球置于胸部右前侧,身体重心在两脚之间;
(2)开始掷球时上体前倾使重心前移,左脚蹬地,两脚依次上步助跑,在左脚迈出的同时,右手握球,以肩关节为轴由体前经体侧向后自然挥摆;
(3)后摆至一定程度时,右脚及时上步支撑,身体重心下降并保持平衡稳定,同时持球手臂向前摆送,右脚蹬地展腹,以适当的出手角度有控制地将球抛出;
(4)球出手后,手臂继续前送,身体重心随势前移,上步制动。

图 4-4-5

2.甩掷式(见图 4-4-6)

甩掷式的动作方法只在摆臂和球出手时与托掷式有所区别。当手臂向后挥摆经过体侧时,内旋 180°。后摆至一定程度时,手臂呈掌心向上、手指向后的反握球状态。当手臂由体后前摆出球时,持球手手背向上、掌心向下,在蹬地、展腹和以肩为轴摆臂的同时,充分利用手腕前甩的力量有控制地将球掷出。

图 4-4-6

3.腾跃式

（1）在场端做好准备，身体正对目标，选择好路线，根据起动位置到 C 线间的距离和个人习惯，确定助跑步数和起跳点（一般为 4~6 步）；

（2）掷球开始时上体前倾，使身体重心前移，右（左）脚蹬地，依次交替上步助跑；

（3）起步后上体逐渐垂直于地面，脚的着地点接近于身体重心的投影，步幅由小到大，逐渐加速；

（4）起跳前以单脚全掌着地过渡到脚前掌直至足趾蹬地，同时，两臂经体侧向后引，随着最后一步起跳，两臂积极向身体前上方加速摆动；

（5）起跳后，持球手臂上举球至额侧前方，手腕后翻，五指自然分开握球于手中，掌心略空，球的重心投影在食指与中指间指根处；

（6）肘关节自然弯曲正对目标,躯干保持与地面垂直,当身体腾空达到最高点时,利用伸臂、压腕动作和手指的弹力有控制地将球向目标掷出;

（7）掷球后及时并腿,以双脚前脚掌先着地过渡到全脚掌着地,同时屈膝缓冲,在 D 线前制动。

(二)规则要求

（1）在掷抛击球时,球出手前支撑脚不能超过 C 线;

（2）掷出球直接或借助限定地面首先击中所声明的目标方为有效;

（3）掷球后顺势跑动,最远不能超过 D 线。

第五章 地掷球基础战术

　　地掷球战术是运动员在比赛中根据地掷球运动的规律、彼我双方的具体情况和比赛形势的发展变化所采取的有意识、有目的、有预见性的行动。地掷球战术的发展是随着地掷球技术的不断提高,运动员身体、智力、心理等素质的逐步改善而不断发展的。

第一节 滚靠球战术

滚靠球战术是指，在比赛中有意识地运用选择掷球权和各种击球技术，排斥、制约对方有可能得分的球，并使本方的球接近目标的战术方法。

一、掷球路线选择

地掷球比赛场地的性能会因弹性、摩擦系数的不同而有所差异，即使同样的沙土场地，也会因土质、灰土的比例等因素而有所不同。而且，任何场地都不会绝对水平，同一块场地各处的倾斜度、光滑度也不尽相同。因此，掷滚靠球前首先要认真观察场地，选择最佳的掷球路线，利用场地的地形特点避开障碍，靠近目标或有意识地碰撞某个球，以达到预期目的。

二、掷球目标

（一）无障碍掷球

比赛中，当本方首先掷球或在无障碍的情况下掷球时，应尽可能将球滚靠至目标球正后方 40～50 厘米处，为对方设置障碍（当目标球在围板附近时此法效果更佳），这样掷球的好处是：

（1）当对方掷出的滚靠球与本方的球相撞时，如果力量不大，

被撞球位移未超过 70 厘米，则本方球仍较对方的球距目标球近，如力量过大，被撞球位移超过 70 厘米，则被判违例；

（2）当对方采用击球技术击中本方球时，则有可能将目标球同时挂走。

（二）有障碍掷球

在有障碍掷球的情况下掷球时，根据障碍球位置的不同，掷球目标也有所差异，例如：

（1）当对方已有球停在目标球左、右侧或超过目标球时，本方可按对方掷球路线掷出滚靠球，或有意识地将对方的球轻轻撞开（限撞动 70 厘米以内），力求靠近对方的球，从而增加对方击球的难度；

（2）当对方球停在目标球后方时，本方应调整掷球路线，避免与对方球相撞。

（三）掷战术球

掷战术球是指，根据战术需要，将球掷向场地上最有利的位置，而不是尽量靠近目标球。

第二节 击球战术

击球战术是在比赛过程中根据不同情况，运动员有针对性地运用滚击或抛击技术，达到其战术目的的方法。

一、击球路线选择

我们通常把掷滚击球视为平面击球，把掷抛击球视为立体击球。在运用滚击技术时应注意选择路线，若用平面坐标系来表示，此时掷出的球应对正 y 轴（见图 5-2-1 左），O 点即所掷球的出手点，y 点即被击目标。在运用抛击技术时，除选择路线外还应掌握好掷出球的弧线和力度，球掷出时不仅要对正 y 轴，其落点也必须在 x 轴与 y 轴的交点 O 上（见图 5-2-1 右），y'即所掷球的出手点，O 点即被击的目标。这也是掷抛击球比掷滚击球技术难度大的原因所在。

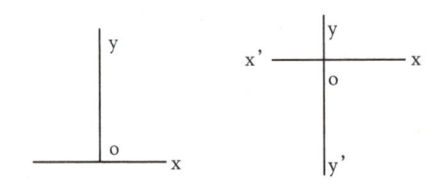

图 5-2-1

二、击球一般战术

(一)击球战术方法

(1)当对方的球距目标球较近,而本方不易比对方更靠近目标球时,应以最有把握的击球方式将对方的球击开;

(2)当击球路线上有障碍球或附近有其他球,击球过程中易产生连锁碰撞时,宜采用抛击技术;

(3)如障碍球与被击球之间还有一定距离时,除采用抛击技术外,亦可采用反弹式滚击(即根据场地弹性,以较大的出手角度掷球,所掷球在障碍球前着地,利用地面反弹越过障碍球后撞击目标);

(4)当目标距离较远或附近无障碍球时,宜采用滚击球技术;

(5)当场上有两个球或数个球聚在一起时,应预测连续碰撞后每个球的受力情况并进行综合分析,推断击球效果,从而决定采用抛击球技术还是采用滚击球技术;

(6)为使掷出球在击球后停留在被击球原位或原位附近,宜采用直接命中目标的甩掷式或托掷式技术;

(7)场地平整且硬度较大时,球沿地面滚动的方向受其影响较小,这时宜采用滚击球技术;

(8)场地倾斜度较大或凹凸不平时,球沿地面滚动的方向受其影响较大,这时宜采用抛击球技术;

(9)场地弹性较大时球易产生跳动,利用规则限定的地面(距目标 40 厘米内)运用抛击球技术会使命中率下降,这时宜采用直接命中目标的抛击球技术或力量较轻(减少球跳动)的滚击球技术;

(10)比赛规则中"有利"原则的执行,要求在运用击球技术时既要力争取得"一箭双雕"之效,也要考虑到击球失误后造成的无法弥补的不良后果,因此,比赛中每轮的最后一次掷球时,一般不宜采取击球的方式。

(二)击球战术效果

1.滚击类

(1)以适当力度击中另一球后方正中部,可使掷出球的动量全部或大部分传递给被击球,使掷出的球停留在被击球原位置或附近(见图 5-2-2);

(2)当滚击球击中被击球侧后方时,掷出球和被击球将分别向左、右侧前方滚动;

(3)当距离较近的两个球同时处在掷出球滚动路线上时,发力击中后方一球的正后方,可将两球同时击走(见图 5-2-3);

(4)当紧贴在一起的两个球中心连线的投影与掷出球滚动路线重合时,击中后方一球的正后方,可使紧贴在前面的球滚出,而被直接击中的球不动(见图 5-2-4);

(5)当两球间距离小于球的直径且中心连线的投影与掷出球

滚动路线垂直时,掷出球从两球中间穿行,可将两球同时击走(见图 5-2-5);

(6)运用甩掷式滚击球技术,因掷出球本身带有向后的旋转力,故击球后掷出球的停球率较托掷式滚击高;

(7)以较小的出手角度减力掷出滚击球,可相对减少地面对球的反作用力,在一定程度上能克服场地不平之弊;

(8)当掷出球击中紧靠底板的球的侧后方时,掷出球与被击球将沿底板分别向左、右两侧横向移动(见图 5-2-6);

(9)以适当的力度击中目标球后中部或侧后方,可将目标球带至远端 A 线附近;

(10)根据准确的计算,利用击球后掷出球和被击球运行的方向、力度、场地特征、边板弹性等因素,使数个球之间产生连续碰撞,能达到一球多用的目的(见图 5-2-7)。

图 5-2-2

图 5-2-3

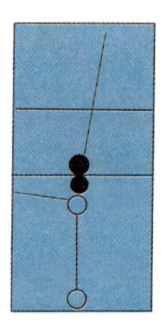

图 5-2-4

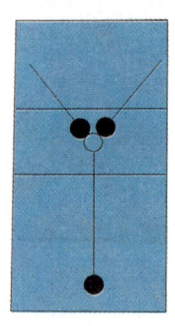

图 5-2-5

DIZHIQIU JICHU ZHANSHU

图 5-2-6

图 5-2-7

049

2.抛击类

(1)以适当的出手角度击中另一球的正后方中上部,可使掷出球的动量全部或大部分传递给被击球,使掷出球停留在被击球原位或附近;

(2)以较小的出手角度击中另一球的正后方中上部,可使掷出球和被击球同时滚到远端 A 线附近;

(3)当掷出球直接击中另一球的顶部时,掷出球一般会滚动至远端 A 线附近,被击球有可能原地不动或稍有位移;

(4)当掷出球击中另一球的侧后方时,掷出球和被击球会分别向右前方和左前方滚动,若结合利用场地围板,可使其中一球滚动距离不至于太远(见图 5-2-8);

(5)当两个球前后紧贴在一起时,击中后面一球的正后方可使前面一球滚出,而被击中的球不动(只起到传递动量的作用)(见图 5-2-9);

(6)当紧贴在一起的两个球中心连线的投影与掷出球路线的投影既不垂直也不平行时,以比较小的出手角度发力抛击,直接击中后面的球,可使两个球同时发生位移;

(7)以很大的出手角度击中另一球的前方接近球顶的部位时,可使被击球向后滚动(见图 5-2-10);

(8)直接击中目标球的后方或侧后方中部,可将目标球带至远端 A 线附近,直接击中目标球的后方或侧后方中上部,可将目标球击(挤)至场外;

(9)利用规则所限定的区域进行反弹式抛击,掷出球与被击球会同时向远端 A 线附近滚动(见图 5-2-11);

(10)运用甩掷式抛击技术,因掷出球本身带有向后的旋转力,故击球后掷出球的停球率较托掷式高。

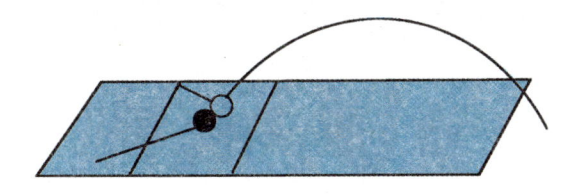

图 5-2-8

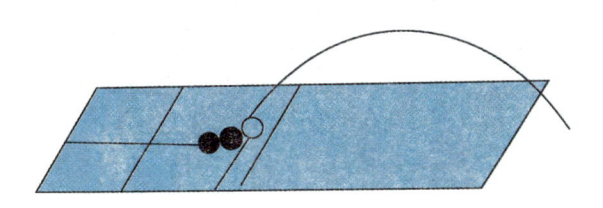

图 5-2-9

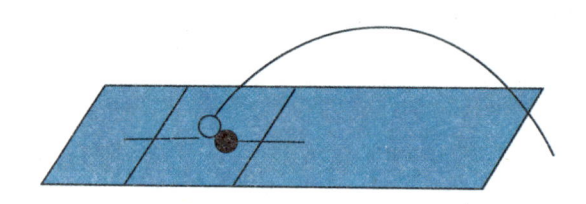

图 5-2-10

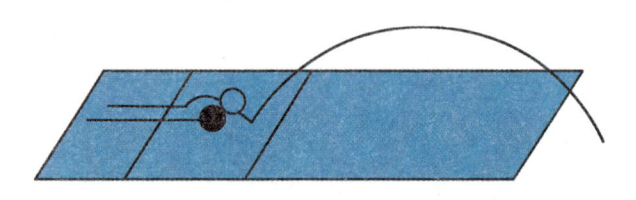

图 5-2-11

三、连续击球战术

在某轮比赛中,本方可采用后发制人的击球方式,连续数次将对方靠近目标球的球击开,在双方的球都掷完时,力争使场上形成本方有一个或数个球相对靠近目标球的得分局面。

运用连续击球战术时,要求运动员的击球技术有较好的调节能力与稳定性,同时应具备一定的心理承受能力,否则不易成功。

连续击球战术在摩擦阻力大的场地上和场地的中、近区域内效果较好,而一旦出现失误或击球效果不佳时,也容易造成本方被动的局面,故采用时应慎重。

四、破连续击球战术

在比赛过程中,对方在运用连续击球战术中出现击球失误或击球效果不佳时(击球后对方比本方球距目标球远),本方在掷出球的顺序和数量上将变被动为主动,这时应采用连续击球方式,依次击开对方靠近目标球的球,从而取得优势。

当某轮比赛中对方采用连续击球战术且成功可能性较大时,本方不宜单纯采用滚靠球技术一味地将球掷向目标球附近,而应根据场上不同情况,有针对性地采用滚靠球和击球技术,力争主动,具体方法是:

（1）在对方欲连续击本方球时，将对方的球作为目标，运用滚靠球技术向其靠近（最好紧贴，使对方击球时易挂走自己的球）。这样，一则可以增加对方击球的难度，二则能动摇对方继续击球的决心，如对方改变战术，也不可能再获取高分。

（2）当本方的数个球已被对方击至远端 A 线附近，且对方球多停在目标球附近时，本方可用剩余的球将目标球滚击至远端 A 线附近，实现战略目标转移。这样，对方在远端 A 线处的球数并不占优势，本方仍有得分的可能。但运用击目标球战术具有一定风险，应根据本方击目标球技术成功的可能性和临场各种情况慎重从事。一旦出现失误，将会使对方获取高分。

（3）当本方首先掷出的第一个球被对方击中后，本方应该用自己的第二个球去击停在目标球附近的对方掷出的第一个球。如果对方用第二个球继续击本方的第二个球，则本方应该再用自己的第三个球去击对方的第二个球。如此这般"对击"下去。若双方击球效果都较为理想，对方只能获得一分。在击球过程中，对方一旦失误或击球效果不佳时，本方将会变被动为主动。

第三节 掷目标球战术

目标球是双方运动员掷滚靠球时的目标，当某方运动员获得掷目标球权时，是战术上贯彻"以我为主"原则的大好时机，因此应根据战术需要和临场情况，慎重、果断地选择投掷目标球的位置。

一、区域划分

规则所划定的目标球投掷区域，按距离一般可划分为近、中、远距离区，按区域范围还可划分为中间区和边板区，具体为（见图5-3-1）：

（1）近距离区为D线与距D线3米以内的区域；
（2）中距离区为距D线3米至C线以内的区域；
（3）远距离区为C线至B线以内的区域；
（4）中间区为D线与B线间距围板（边板）1米以外的区域；
（5）边板区为D线与B线间距围板1米以内，13厘米以外的区域。

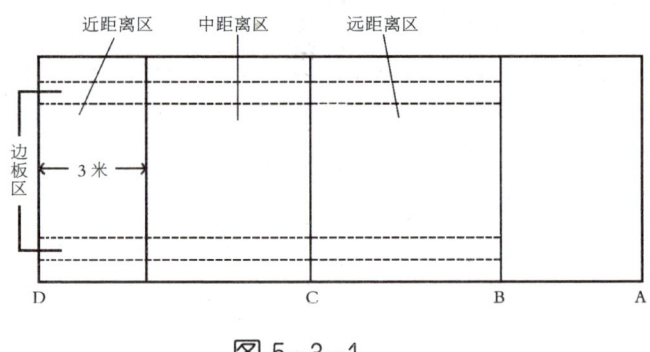

```
         近距离区    中距离区    远距离区
       ┌────────┬────────┬────────┬────────┐
    边 │        │        │        │        │
    板 │←3米→   │        │        │        │
    区 │        │        │        │        │
       └────────┴────────┴────────┴────────┘
       D        C        B        A (?)
```

图 5-3-1

二、技术简述

（1）比赛开始阶段，如对场地的倾斜度、摩擦力、弹性、硬度等尚不适应时，宜将目标球掷在中间区域内，作探索性适应；

（2）彼此近距离滚靠球技术水平相当，而击球命中率高于对方时，宜将目标球掷在近距离区内；

（3）在中距离或远距离区内的总体技术（滚靠球和击球）优于对方时，宜将目标球掷在中距离区或远距离区内；

（4）如对场地情况较熟悉，可将目标球掷在边板区内，随后将自己的球滚靠至目标球后方40～50厘米处，封住对方滚靠球的路线，从而增加对方掷球时的难度；

（5）对方击球命中率较高时，宜将目标球掷在远距离区内；

（6）将目标球掷在对方滚靠球效果不佳或曾在本局比赛中失去高分的区域内，可在心理上给对方造成一定的压力。

第四节 击目标球战术

在比赛中，特别是在较平整的场地上，运动员经常运用击目标球战术。如运用得当，主动时能扩大战果，在该轮比赛中获取高分；被动时能挽回不利局面，收到"起死回生"之效，具体方法为：

（1）当对方球先已掷完，且在场地的远端 A 线附近无球时，本方有数个球在远端 A 线附近，或还有数球未掷出，而运用滚靠球技术又不易获取高分，在这种情况下，可将目标球滚击至远端 A 线附近；

（2）如对方在中、近距离区采用连续击球战术且成功可能性较大时，本方可采用滚击目标球战术，将目标球击至远端 A 线附近，在远距离上与其较量，如本方在远距离区的总体技术优于对方，为避免在中、近距离区交锋，亦可用本方的第一个球将目标球滚击至远端 A 线处；

（3）如场上形势明显对本方不利，可运用抛击目标球的方法将其击（挤）出场外，使该轮比赛重新开始。

第五节 布局战术

地掷球比赛与下棋一样，场上形势是由双方运动员掷出的球数和布局情况所决定的，因此运动员应随时分析双方布局情况，掌握和控制主动权，具体方法为：

（1）当本方的球必须比对方先全部掷出时，应采取滚靠或击球方式，使本方最少有一个球处于远端 A 线附近，以防止对方击中目标球后得分过多；

（2）若本方靠近目标球的球连续被对方击中，为增加对方击球难度，可将本方的球有意识地贴近对方的球，或掷到场地上较难处理的位置（如紧贴在目标球之后或远离目标球，但又较对方球近的地方），以限制对方获取高分；

（3）当目标球处于场地远端两角附近，如本方滚靠无把握且还有两个以上未掷出的球时，可将一球滚靠至场地近距离区，然后滚击或抛击另一球，使之接近目标球；

（4）若本方击球效果较好（停球率高）又首先掷球时，第一个球要掷在距目标球不近不远的位置（目标球后 50～70 厘米处），应诱使对方第一个球采用滚靠技术，以便发挥本方的击球优势；

（5）若对方已有球靠近目标球，本方在击球失误后，即应用剩余的球封住对方的滚靠路线和滚击目标球的路线，限制对方获取高分。

第六节 调节战术

人体在运动过程中，肌肉的调节能力受中枢神经系统的支配和肌肉内部对中枢神经传入的冲动所产生的反应的影响。这种能力在每个人之间是有差异的，因此在竞技比赛中，人们常利用调节能力的差异争取主动，具体方法为：

（1）若对方使用同一掷球技术，在不同距离区的用力比例掌握不好、调节能力表现较差时，本方可通过掷目标球、击目标球等方式不断改变目标球的位置距离，使对方在频繁的不同距离掷球的调节过程中出现漏洞，从而战胜对方；

（2）若对方在各项技艺间隔使用过程中调节能力较差时（如在抛击球后滚靠时力度偏大，连续滚靠后抛击时力度偏小等），则可有意识地让场上多出现一些迫使对方靠击相间的局面；

（3）对方求胜心切时，则可利用比赛节奏进行调节，即本方可有意识地延长掷球后的间隙时间（在规则允许范围内），放慢比赛节奏或要求暂停，使对方欲速则不达，本方借此调整并保持平稳的情绪，稳中求胜。

第七节 心理战术

心理战术是指正确、合理地运用体能和技能去战胜对方的心理方法和策略，它是建立在身体素质和技术基础之上的。正确地运用心理战术能充分调动运动员的积极性和创造性，因此它也直接关系着比赛的胜负。

一、知己知彼，做好赛前心理准备

比赛前，应尽可能获取对方各方面的情况，如技术特长、战术特点、心理状况、近期比赛成绩、对场地的熟悉程度等。通过分析双方的特长和不足制订作战方案，以便在比赛中扬长避短、遏制对方优点，从而掌握场上主动权。

二、出其不意，攻其不备

比赛时通过先发制人的进攻，出其不意地破坏对方的原定计划，如本方虽擅长近距离区作战，远距离区作战较差，而对方远距离区相对更差，在比赛中本方应力争与对方在远距离区抗争，在心理上压住对方，挫其锐气，动摇其信心，从而战胜对方。

三、制造错觉

在赛前训练或比赛时,不使用本方强项技术,藏其锋芒,诱使对方产生轻敌思想。或通过赛前练习,有意识地显示本方的强大,使对方产生心理负担。

四、自我暗示,增强取胜信心

当比赛气氛紧张,场上比分交替上升时,通过自我暗示,如"我队打得不错,对手已快顶不住了"等增强自信心,稳定心理。同时,在技术上争取滚靠球和击球的成功率,在面部表情上力求轻松,好像若无其事的样子,在气势上压倒对方。

第八节 阵容配备战术

阵容配备是指根据本队实际情况和每名运动员的技术特点,合理地使用运动员的一种手段,目的在于把全队的战斗力有效地组织动员起来,最大限度地发挥每名运动员的特长和作用,具体方法为:

(1)三人赛时,一般应配备一名滚靠技术突出的运动员、一名击球技术突出的运动员和一名技术全面的运动员;

(2)单人赛时,一般应配备本队技术最全面的运动员;

（3）双人赛时，一般应配备一名滚靠技术突出的运动员，一名击球技术突出的运动员；

（4）在估计到全队总体实力不如对方时，可放弃某一局的争夺，让本方技术水平较差的运动员去碰对方水平最高的运动员，从而集中优势兵力打好团体赛中的另外两局比赛，争取以 2∶1 获胜。

第六章 地掷球比赛规则

系统的比赛规则使地掷球运动具有很强的观赏性。对于初学者来说,了解地掷球比赛的基本规则是很有必要的。

第一节 程序

在地掷球比赛中，双方运动员在裁判员的主持下，按照规定的顺序将球掷出，当一方先获 15 分时，一局比赛结束。

一、比赛形式

(一)比赛项目

1. 单人赛

一人对一人的比赛，每人每轮投掷四个大球。

2. 双人赛

二人对二人的比赛，每人每轮投掷两个大球。

(二)掷球种类

1. 滚靠球

滚靠球是指将自己的大球滚出靠近小球。

2. 滚击球和抛击球

滚击球和抛击球是指用自己掷出的大球去击场上的大球或小球。

二、比赛方法

(一)比赛开始和掷小球

(1)比赛开始时将小球置于两侧围板与 D、B 线或 D、B' 线围成的有效区域中央,该有效区中央点应在场地上标出,并且不易被抹掉;

(2)首先掷大球的权利及指定在哪一场端开始比赛,必须由双方用抽签方式决定,一方选择首先掷大球时,则另一方有权选择在任一场端开始比赛,反之亦然;

(3)比赛开始,首先掷球的队(或任何下面的掷球)可以用任何方式掷第一球,如第一球无效,应再次掷球,直至掷球有效;

(4)邻近场地的球越入场内撞击了正在运行的有效球,该球应重新投掷;

(5)掷出的球在定位后,被裁判员或运动员无意地碰离原位,该球应放回原位;

(6)符合规则掷出的大球碰撞了固定端板时,该球有效。

(二)试投

双方交替在球场两端往返各试投一轮。

(三)掷滚靠球

(1)掷滚靠球时,运动员的脚不能超过 B 或 B' 线(4 米),否则

掷球无效,除非根据有利原则另作判定;

（2）掷球时,如果球从运动员手中无意掉落在地上,很快拿起还可掷出,但球掉落后滚过 C 或 C'线,则判为已掷过该球;

（3）一方在掷出的第一个球无效后应接着掷球,直至掷出一个有效球或将球全部掷完,如一方将球全部掷完,仍无一有效球,就根据对方在场内有效球和未掷的球给对方判分;

（4）在前一个球未静止前或未作标位前,不能掷另一个球,否则无效,除非执行有利原则或经裁判员允许才可以掷球;

（5）如果裁判员误判球位,误判后所掷的球应全部重掷,误判前已标位的球不动,直至本轮投掷完为止;

（6）如果裁判员从场上拿走了曾触及两侧围板的球,而未执行有利原则,此球无效;

（7）如果双方的大球与小球的距离相等,造成均势的一方应继续掷球,直至打破均势;

（8）在本轮比赛结束时,如果还是均势,本轮比赛判双方不得分,从另一端开始下轮比赛;

（9）已标过位置的大球如果自行移位,则应放回原位,如未标过位置,移动后的位置有效。

（四）球移位（掷滚靠球）

比赛时大球和小球在球场上移位可用工具进行测量,对距离太远,难于测量的球,需要时可由助手帮助。裁判员可使用双用尺或卷尺测量,但一定要在标出球位后进行。

1.直接撞击(见图 6-1-1)

在掷滚靠球时,如大球把场上其他大球或小球撞击距原位超过 70 厘米,应判无效,被撞球放回原位,除非根据有利原则另作判定。

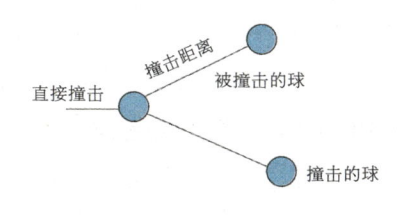

图 6-1-1

2.连锁撞击(见图 6-1-2)

在掷滚靠球时,如大球撞击到场上的大球或小球,被撞球又碰撞到另外的球,称为连锁撞击。只要其中一个被撞球距原位超过 70 厘米,应判无效,所有被撞球应放回原位,除非根据有利原则另作判定。

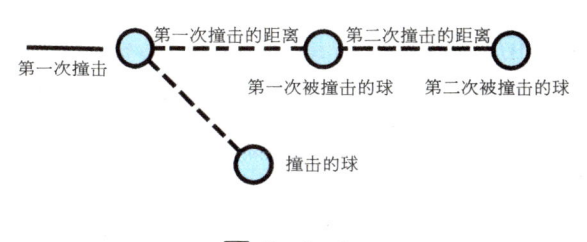

图 6-1-2

(五)掷滚击球

（1）掷滚击球是指借助于地面，利用球的滚动去撞击事先向裁判员声明的场上大球和小球（直接击中也有效）；

（2）为了使掷滚击球有效，必须在 B 或 B' 线后向裁判员声明所击目标是小球还是大球，并等待裁判员允许后再掷球，否则判无效，被击中的球应放回原位，除非根据有利原则另作判定；

（3）运动员只有在球出手后（即使球尚未落地）方可越过 B 或 B' 线，否则判为无效，除非根据有利原则另作规定；

（4）对声明所撞击目标 13 厘米内的大球或小球，如被击中均有效，裁判员应在掷球前指出哪些球是 13 厘米内的有效球；

（5）在 B 或 B' 线掷球时，球必须落在 C 或 C' 线以外，若球落在 C 或 C' 线内或未过该线，都将判为无效，除非根据有利原则另作判定；

（6）掷出的球如没有击到任何大球或小球，或误击他球，判为无效，除非根据有利原则另作判定；

（7）当小球越出远端的 B 或 B' 线，不能撞击本方在 D 线之前的球，除非该球距 D 线以外的另一大球在 13 厘米内，可以击未过 D 线的对方球，以及距其 13 厘米以内的球；

（8）当小球位于远端的 C 或 C' 线以内，被滚击或抛击击中的任何大球，撞到端板后弹回到 C 线以内，应放回与端板相撞处，如弹回的是所掷出的大球，则该球静止后的位置不动。

(六)掷抛击球(见图 6-1-3)

(1)掷抛击球是指直接或借助于限定的地面,撞击事先向裁判员声明的本方或对方的大球和小球;

(2)为了使掷出的抛击球有效,必须在 B 或 B'线以内向裁判员声明所要撞击的目标,再次抛击时也要声明,而且要等裁判员在目标前标出 40 厘米弧线,示意掷球后再掷,否则判为无效,所击到的球放回原位,除非根据有利原则另作判定;

(3)运动员只有在球出手后(即使球尚未落地),方可越过 C 或 C'线,否则无效,除非根据有利原则另作判定;

(4)在掷抛击球时,可以击距所声明目标 13 厘米以内的球,只要球落点在 40 厘米以内即可,所掷球未击中目标,或落点在 40 厘米以外,判为无效;

(5)运动员掷滚击球或抛击球后,不能越过 D 线,除非已全部掷完所应掷的球。

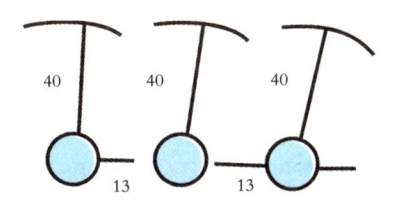

图 6-1-3

(七)有利原则

在掷滚靠球、滚击球或抛击球时,所有的违例球是有效还是无效,要征求对方队的意见。

(八)比赛中断

(1)由于天气或其他原因致使比赛中断,在继续比赛时,应按照中断时的比分进行;

(2)比赛中断时,一轮比赛尚未结束,该轮得分无效;

(3)在天气不好的情况下,由裁判员决定是否结束本轮比赛,如果一队在未经裁判员允许下的情况离开场地,将判该队为该场比赛的负队;

(4)由于其他原因中断比赛,重新开始时,可全部更换队员,单人赛也可更换队员,按中断时的积分继续比赛,比赛中已换过队员的队不能再换人。

(九)固定端板

可以利用固定端板使球反弹回来,击所声明的目标,但球一定要直接打在固定端板上,如先落地或先碰到场上其他球则无效,除非根据有利原则另作判定。

第二节 裁判

地掷球运动有非常丰富的内涵和表现形式，其比赛是以双方大球和小球之间的距离关系来决定得失分的。比赛中只要有人掷球便会产生新的排列组合，运动员每掷出一个球，场上情况就会变化无穷，妙趣横生。

一、裁判员组成与分工

一场正式比赛的裁判员应由主裁判员、副裁判员和记录员三人组成。他们是本场比赛的主持者和规则的执行者。

（一）主裁判员

自始至终主持该场比赛的裁判工作。

（二）副裁判员

协助主裁判员工作。

（三）记录员

负责比赛的记录工作。

二、裁判员职责与工作程序

(一)比赛前准备工作

比赛前全体裁判员应提前 20 分钟到达赛场。在主裁判员主持下统一认识,明确任务与分工,以便在临场工作中密切配合,协调一致地完成任务,具体工作有以下几个方面:

(1)检查场地是否合乎标准要求,场上画线是否合乎规格,场地周围和上空是否有异物,地面是否有严重凸凹不平,如有不符合规则要求的情况,应及时解决,场地经检查后,双方运动员应停止练习;

(2)准备好比赛用球(两种颜色,如是各队自备用球,则应严格检查是否合乎要求)、裁判尺、卷尺、双用尺、画线用的器材、记分表、大直角板、圆珠笔、挑边器、记分牌、裁判员用的桌椅、运动员洗手用的清水、平整场地的工具等,并要准备部分备用器材,大型正式比赛时还应准备好广播器材;

(3)在室内或晚上比赛时,应检查灯光设备(照明应是均匀的,场地各处的亮度至少为 100 勒克斯);

(4)裁判员应着统一规定的服装,并穿软底鞋。

(二)比赛开始前

1. 主裁判员

比赛开始前主裁判员的工作为:

（1）团体赛前将排名移交给双方队长，比赛前5分钟召集双方队长以抽签的方式选择掷球权和开始比赛的场端，并说明入场的要求；

　　（2）带领运动员入场，主持双方队员试投并确定双方用球的颜色；

　　（3）试投结束后，将小球放在场上开球点（有效区中央点），并让双方运动员进入A-B区或A'-B'区，令双方运动员将大球分别放至A线附近两处，宣布比赛开始。

2.副裁判员

比赛开始前副裁判员的工作为：

　　（1）检查双方运动员着装是否符合规则的要求；

　　（2）准备好比赛用球和裁判员所需要的器具及平整场地的工具；

　　（3）协助主裁判员检查比赛场地；

　　（4）参加入场式。

3.记录员

比赛开始前记录员的工作为：

　　（1）在记录表上登记比赛名称、日期、地点和比赛双方队名；

　　（2）索取双方填好的排名表，并登记在记录表上。

（三）比赛中

1.主裁判员

比赛中主裁判员的工作为：

　　（1）举手示意比赛开始，由首先掷球的队开始掷球，如有效，再

由对方队员掷球；

（2）对掷出的每一个大球标位或对移位后的有效球重新标位；

（3）判断或通过丈量，用手势指出离小球最近一方的大球，并示意由离小球远的一方继续掷球；

（4）对声明抛击的目标球及周围13厘米范围内的球各画出1条40厘米的弧线，对声明抛击和滚击的目标球及在13厘米范围内的球，做出手势；

（5）根据规则做出有效或无效的判定；

（6）根据规则做出对运动员和球队犯规的警告或判罚；

（7）必要时可要求副裁判员协助丈量球与球之间的距离；

（8）可同意双方队长提出的重新丈量、靠近观察、暂停、换人等符合规则的要求；

（9）每轮比赛结束，在比赛双方认可后，宣布成绩；

（10）在交换场端的过程中，应及时抹去场上标位的痕迹；

（11）由于天气或其他原因做出是否中断比赛、更换场地的决定。

2.副裁判员

比赛中副裁判员的工作为：

（1）平整场地；

（2）需要时协助主裁判员丈量距离；

（3）给靠近端板附近的有效球标位，将无效球拿出场外；

（4）协助主裁判员工作，需要时为主裁判员的判断提供参考依据；

（5）在交换场端的过程中及时抹去场上标位的痕迹。

3.记录员

比赛中记录员的工作为：

(1)准确地记录每轮比赛的得分；
(2)检查记分牌是否与记录表相符，如有错误，应立即纠正；
(3)认真、准确地填写记录表。

(四)比赛结束

1. 主裁判员

比赛结束主裁判员的工作为：
(1)宣布一局或全场的比赛结果；
(2)检查记录表和成绩报告单并最后签名。

2. 副裁判员

比赛结束副裁判员的工作为：
(1)管理好比赛用球和场地所用器材；
(2)在记录表上签名。

3. 记录员

比赛结束记录员的工作为：
(1)请双方队长在记录表上签名；
(2)在记录表上签名，并请主、副裁判员检查记录表并签名。

(五)比赛结束后的其他工作

比赛结束后的其他工作为：
(1)裁判组全体人员及时收回并保管好所有比赛用器材；
(2)在主裁判员主持下进行小结，肯定成绩，找出不足，并指出改进意见和方法，不断提高裁判工作水平。

三、记分

每局比赛以一方获得15分结束,计算分数方法是:

当一轮比赛结束后,一方的一个大球比对方距小球最近的大球更近时得一分,近几个得几分。

四、其他要求

(一)球的使用

球的使用的具体要求为:

(1)比赛开始前要检查大球和小球是否合乎规格并易于区别;

(2)比赛中不允许调换大球或小球,只能在裁判员确认球损坏时,才可以换球;

(3)不允许用唾液湿球,但可用专供运动员使用的水;

(4)当一运动员误掷其不应掷的球时,该掷球无效,如果球是对方的,应将此球送还给对方,掷球的运动员被罚掉一球;

(5)比赛中不允许换球,如一名运动员或一个队不顾规定执意换球,判该队为该场比赛的负队,但在因恶劣气候而中断比赛或调换场地继续比赛时,允许换球;

(6)两队掷出的球必须以不同符号标出球位。

(二)大球数目投掷

大球数目投掷的具体要求是：

(1)双人赛或三人赛中,如一方运动员未到齐,不能开始比赛;

(2)以6分钟为限,人员不齐的一方将被取消比赛资格;

(3)双人赛或三人赛的队应包括一名队长,队长有权与裁判员讲话或向裁判员要求靠近观察场上球的位置;

(4)行使靠近观察这项权利时,队长每次都应征得裁判员同意,并指明由哪一名运动员去进行观察;

(5)运动员掷大球的时间以1分钟为限;

(6)比赛中,运动员只有在掷完应掷的所有大球之后才允许离开场地,以3分钟为限(每场最多两次);

(7)比赛中,教练员可要求暂停与本队队员交换意见,以2分钟为限(每轮1次);

(8)比赛中,只有在本队队员准备掷球时才可要求暂停;

(9)比赛中,只有在一轮比赛结束后才可要求换人。

曲棍球

第七章 曲棍球概述

　　曲棍球是一项历史悠久的运动项目，现代曲棍球运动于 19 世纪初期起源于英国，经过长时间的演变、推广、普及和发展，已成为一项非常受欢迎的运动项目。曲棍球运动之所以能够获得关注和普及，与它的特点和价值是分不开的。

第一节 起源与发展

曲棍球的全称叫草地曲棍球,也叫硬地曲棍球,它有着悠久的历史,是最古老的体育运动项目之一。

一、起源

关于曲棍球的起源众说不一,大多数人认为,曲棍球运动起源于古波斯,最终在英国得以发展和传播。

早在 2000 多年前,古波斯就已经进行过类似曲棍球的比赛活动。当时这项运动已经得到初步发展,并具有一定的特点,它的玩法和形式也逐渐受到群众的欢迎。

中国在唐代就流行"步打球",比赛时分两队,队员各持下端弯曲的木棍徒步击球,以击入对方球门多者为胜,其运动方式与现代曲棍球也很相似。

尽管历史上各地类似曲棍球运动的名称不同,打法也有差异,但基本形式却完全一致,都是用一端弯曲的木棍,去击木质的圆球,并以击入对方球门为最终目标。这不仅构成曲棍球运动的基本特点,而且是现代曲棍球运动的基础。

二、发展

现代曲棍球运动主要是在英国发展推广起来的。早在 19 世纪初期,英国的中、小学首先开展了曲棍球运动。

1875—1876年，英国南部地区首先成立了第一个曲棍球俱乐部。1886年，英国曲棍球协会成立，同时制定了较为统一的简单规则，开展了比赛活动。曲棍球的器材和比赛方法等开始逐步完善。

1889年，第一次国际性比赛举行，当时只有英格兰、苏格兰和北爱尔兰参加了比赛。这次比赛不仅使曲棍球运动得以推广，而且使运动本身达到进一步的统一，使比赛规则更加完善合理。

1890年以后，由于比赛的推动和足球的影响，曲棍球的比赛规则发生了很大变化——为了安全起见，比赛中任何队员都不得举棍超肩。

1901年，规则中开始出现罚短角球的规定，这形成了现代曲棍球的独特风格，把竞赛引向玄妙和趣味之中。

19世纪末，法国、丹麦、德国、比利时和西班牙等国，先后受英国影响，间接或直接地引进了曲棍球运动。

到20世纪初期，曲棍球运动已发展为一项独特而有趣的体育项目，越来越受到世界各地人们的喜爱，成为世界性的体育竞赛和交往项目。

从第4届奥运会开始，曲棍球被列为奥运会正式比赛项目。首先获得奥运会曲棍球金牌的是英国队。

亚运会从1958年的第3届开始也有了曲棍球比赛，除首届金牌被印度队获得外，巴基斯坦队连续6次获得冠军。

第10届亚运会上，韩国队异军突起，以天时地利之优势，力克群雄，男女双登榜首。

近年来，中国的曲棍球运动发展较快。中国女子曲棍球在1999年韩国教练金昶伯担任主教练后，第一次获得奥运会参赛资格，并在2000年悉尼奥运会上获得第五名的好成绩，之后中国女曲又获

得亚运会冠军、冠军杯赛冠军,再次获得 2004 年雅典奥运会的第四名。

第二节 特点与价值

曲棍球运动娱乐性比较强,对提高身体素质和发展心智都有着积极的作用,而且还有助于各国之间,人与人之间进行文化交流。

一、特点

(一)娱乐性和集体配合

多数拍类运动都是在中间用网隔离的场地上进行的,曲棍球与其他拍类运动不同,它是在一个类似足球场的宽阔场地上进行的。

曲棍球运动需要队员之间团结合作、互相配合,还要求每个队员都要有良好的个人技术,这是曲棍球运动区别于其他拍类运动的最显著特点。

(二)灵活性

曲棍球运动除了可以在正规场地上进行,还可以选择其他的场地,灵活性较强;可以按正规人数进行,也可以多人或少人,分成人数均等的两组即可。

二、价值

(一)增强体质

曲棍球运动可以全面发展和增强人的体质。经常从事曲棍球运动,可以发展人体的灵活性、协调性,提高人体上下肢和躯干的活动能力,改善人体各系统的功能,从而起到增进健康、调节精神的作用。

(二)培养意志

曲棍球运动具有强度大、对抗性强的特点,能够逐渐培养参与者的意志品质。一场势均力敌的曲棍球比赛,往往需要消耗较大的体力,在长时间的大强度对抗中,坚强的意志品质显得尤为重要。

(三)提高心理素质

曲棍球是一项竞技运动,比赛时竞争激烈,成功和失败条件经常转换。同时,运动员在比赛中要对对方战术的意图进行揣摩,把握自己的战术应用,这能使参赛者的心理素质得到很好的锻炼。

(四)促进交流,增加友谊

经常参加曲棍球运动的青少年,可以相互交流经验,切磋技艺,达到互相学习、共同提高球技、建立良好的人际关系的目的。

第八章 曲棍球场地、器材和装备

　　曲棍球运动具有很强的观赏性和娱乐性,它对场地、器材和装备都有很高的要求。高质量的场地是曲棍球运动开展的前提,而良好的器材和装备是活动参与者高水平发挥和避免运动伤害的必要保证。

第一节 场地

一般情况下，初学者可以在空地上进行曲棍球练习，但是高水平的曲棍球运动最好在正规的球场上进行，以减少不必要的运动损伤，感受比赛的刺激。

一、规格

（1）场地长 91 米、宽 55 米；
（2）球场上标有边线、端线、球门线、中线、开球点和后场线等标志线；
（3）场内所有各线的线宽为 7.5 厘米；
（4）在正对中线两端的场外，距边线 1 米处插有边旗（见图 8-1-1）。

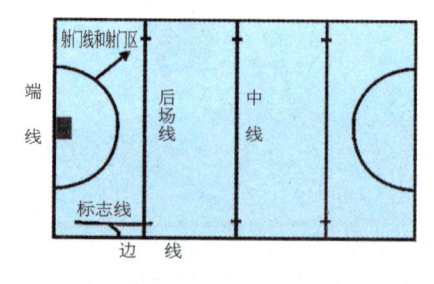

图 8-1-1

二、设施

(一)球门规格(见图 8-1-2)

(1)球门高 2.14 米,宽 3.66 米(均为内径);
(2)球门柱和门楣正面(向场内面)宽 5.1 厘米,厚 7.5 厘米。

(二)球门构造

(1)球门后装有底挡板和侧挡板,挡板高 46 厘米,侧挡板在球门柱后沿,与端线垂直,侧挡板外沿与球门柱外侧面齐平相接,底挡板装在侧挡板上,并与端线平行;
(2)球门后应有一定的深度,顶部深度一般不少于 1 米;
(3)球门放在端线正中,球门柱前沿与端线的外沿相接。

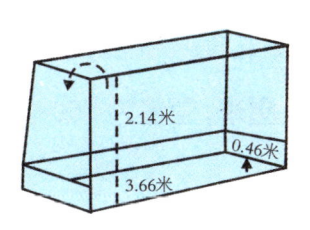

图 8-1-2

（三）挡网

球门应装有挡网，网眼以不使球穿过为度，一般内径为 2 厘米。

三、要求

端线外和边线外应分别留出至少 5 米和 4 米的缓冲地带。

第二节 器材

曲棍球运动的器材包括球和球棍。

一、球

（一）规格

圆周为 22.4～23.4 厘米，重量为 156～163 克。

（二）构造

（1）球的内芯为软木类，缠以绒线，外壳用熟皮缝制而成，必须漆成白色；

（2）外壳圆滑无棱，球体呈圆形。

二、球棍

（一）规格

（1）球棍最长不准超过 1 米，重量在 652～794 克之间；

（2）棍叶的最大宽度为 5.1 厘米，厚度要保证能够穿过内径为 5.1 厘米的圆环（见图 8-2-1）。

图 8-2-1

（二）构造

球棍是一端弯曲的木质球棍，球棍的握手部分叫棍柄，弯头部分叫棍叶。棍叶的左手面呈平面，叫棍面；背面呈椭圆形，叫棍背。

(三)要求

（1）非木质球棍不准参加正式比赛；
（2）球棍的任何部分不准装嵌金属物，也不准削成尖形；
（3）只有棍面才能接触球，棍背触球视为犯规。

第三节 装备

曲棍球运动的装备主要是服装，此外，守门员还要佩戴必要的护具。

一、服装

(一)款式

曲棍球运动的服装一般是半袖或坎袖，短裤或短裙。

(二)要求

（1）比赛双方应穿着颜色有明显区别的服装，背后要有明显的号码；

(2)守门员必须穿着与场上队员不同颜色的服装；

(3)运动员不得穿带铁钉的鞋，或佩戴其他可能对对方队员造成危险的物品；

(4)上场队员必须戴护腿板。

二、守门员护具

(一)面罩

面罩的作用是保护面部，要轻，否则影响视野。

(二)手套

手套必须是分指的，指间不能用线穿连。伸平时宽度不得超过20厘米，里侧可有一层保护物。

(三)护腿

(1)护腿在很大程度上不仅能够保护腿部，而且具有守护球门、直接参与比赛的作用，所以规定限制每只护腿的宽度最大不超过30厘米；

(2)守门员经常用腿部停挡射门球和用脚踢球，所以护腿应该轻巧、灵活。

(四)鞋套

鞋套不准有锋利的边沿和凸出物。

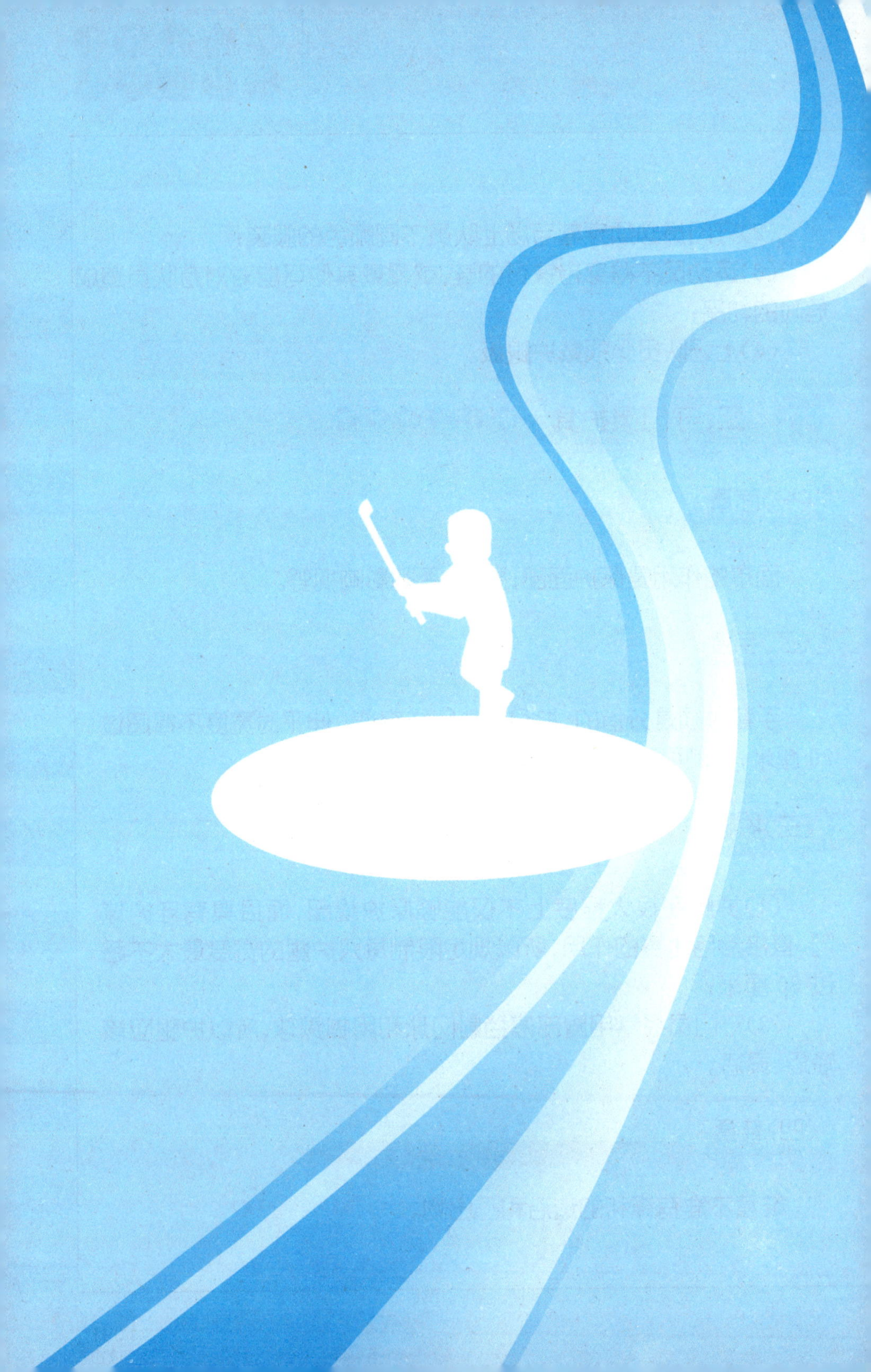

第九章 曲棍球基本技术

曲棍球基本技术在比赛中非常重要，队员只有全面、熟练地掌握基本技术，并在激烈的对抗中加以运用，才能在比赛中有出色的发挥，取得比赛的胜利。基本技术包括基本握棍法、击球、推球、挑球、推挑球、停球、垫击球、单手技术、运球、反棍弹击和守门员技术等。

第一节 基本握棍法

正确的握棍法是掌握各种技术动作的基础和关键。不同的技术动作有不同的握棍法,基本的握棍方法(见图9-1-1)是:

(1)左手紧握于棍柄的顶端,虎口正对棍叶的钩头,食指在转动时顺贴棍柄伸直,使球棍同左手腕同轴转动;

(2)右手握于左手下方35～40厘米处,五指握空拳,不要握抓过紧,使球棍能够在右手掌心内旋转自如;

(3)以左手为转动轴,右手为转动支点,使球棍随左手的转动而自然旋转;

(4)每次拉转都将棍头钩嘴部分拉至与地面垂直的角度,便于准确拨动球和反手击球;

(5)根据击球方式的不同,适当调整两手之间的距离。

图9-1-1

第二节 击球

击球技术是曲棍球各项技术中非常重要的技术之一，因为无论是传球还是射门都经常用到。击球包括重击球、轻击球和反手击球等。

一、重击球

重击球即大力击球，常在击发任意球、边线球、长角球、远距离传球和大力射门时使用，也常在后卫和前卫解除危险时使用。重击球技术包括握棍方法、击球姿势和球的位置等。

（一）握棍方法

重击球的握棍方法（见图 9-2-1）是：
(1) 左手在上，抓握棍柄末端，留出一拳的位置，虎口正对棍叶的钩头；
(2) 右手在左手下方，两手靠紧、抓实。

正面　　　　　　　　侧面

图 9-2-1

(二)击球姿势

击球姿势(见图 9-2-2)是:

(1)一般从右侧摆棍,向前方或向左前方及左侧击球,右脚在后,左脚在前,呈"L"形,两膝略屈;

(2)开始摆棍时,重心基本平分在两脚上,随着向前挥棍的动作,重心逐渐移向左脚;

(3)接触球的瞬间,身体自然前倾,右腿蹬直;

(4)随着球棍的摆动,顺势移动重心,上体随球棍的运动而自然前倾或转体;

(5)击球时,球棍不要离地面过高或过低,过高会导致抡空或只打在球的顶部,过低则会导致棍叶打在地面上,削弱击球力量。

图 9-2-2

(三)球的位置

重击球时球的位置(见图 9-2-3)是：

(1)击静止球时,球应放在距左脚横向 30～35 厘米处,向前不超越左脚,使触球时球棍与地面接近垂直,这样击触到的球最有力量,并能控制出球方向；

(2)跑动中大力击球时,也要把球调整到身体前方或右前方,同击静止球时的位置。

地掷球曲棍球

图 9-2-3

二、轻击球

轻击球即前臂击球，常在混战中出球、快速击球、射门及配合过人时使用，特点是挥棍动作快，力量足，摆动幅度小，灵活自如。轻击球技术包括握棍方法和击球姿势等。

(一)握棍方法

轻击球的握棍方法(见图9-2-4)是：
两手紧靠在一起，抓握在离棍柄末端三分之一处的位置上(棍柄末端留出20～30厘米)。

正面　　　　　　侧面

图9-2-4

(二)击球姿势

轻击球的击球姿势(见图9-2-5)是：

(1)同重击球,但比重击球要灵活一些,两脚可前后站立,也可平行站立；

(2)球的位置在两脚前,也可偏后一点；

(3)挥摆球棍时,身体不要转动,主要靠前臂的力量和腕力；

(4)两膝屈蹲的幅度略大一些,上体适当前倾。

图 9-2-5

三、反手击球

反手击球即反棍击球,应用范围很广,是最实用、最重要的基本技术之一,主要用于直接向右侧传球,也可用于近距离射门和左侧传中。反手击球包括击球姿势和球的位置等。

(一)击球姿势

反手击球的击球姿势(见图 9-2-6)是:

(1)右脚在前,两脚前后叉开;

(2)摆棍时从左向右击球,左手向外翻转,使棍头的钩嘴朝向自己;

(3)棍面转至右手面,上体向左转,右肩对着出球方向。

图 9-2-6

(二)球的位置

反手击球时,球的位置(见图 9-2-7)是:

(1)球放在左前方离右脚 30~35 厘米处,可超过右脚水平线;

(2)也可把球放在正前方,此时两脚要平行叉开;

(3)击球时球棍从左向右挥动,两臂要放松,摆动自然,主要靠前臂和腕用力,少用腰腹背的力量;

(4)尽量使棍叶的最大面积接触球,不要只用钩嘴的末端,这样可以获得最大的力量;

(5)球棍与地面接近垂直时击到球最为理想。

曲棍球基本技术
QUGUNQIU JIBEN JISHU

图 9-2-7

第三节 推球

推球在曲棍球技术中占有重要的地位，常用于近距离短传配合、送直线球、快速出球、混战中推球解围、近距离推射门、发短角球、变向或隐蔽式传球等。推球有利于队友之间的协作配合，特点是出球速度快，且突然、隐蔽多变，应用范围广。推球技术包括握棍方法、基本姿势、球的位置和运动中推球等。

一、握棍方法

推球的握棍方法（见图9-3-1）是：
（1）左手抓握棍柄末端，留出一拳位置；
（2）右手在左手下方，两手拉开距离，相距30～35厘米；
（3）两手要抓紧，左手虎口要对准棍叶的钩头；
（4）运动中推球时，加大两手间的距离。

正面　　　　　　　侧面

图9-3-1

二、基本姿势

推球的基本姿势（见图9-3-2）是：

（1）两脚平行叉开，略比肩宽，重心平分在两脚上；

（2）左肩正对出球方向，双膝弯曲，上体前屈；

（3）推球时，棍叶紧靠球，向前推转球；

（4）球滚转5~10厘米后，两手同时发力，右手猛向前用力，左手则向后用力，形成杠杆力量；

（5）同时，右腿用力蹬地伸直，顺势转体，面向出球方向，身体重心移到左脚上；

（6）配合腰部的转动，使力量过渡到棍头上，球突然滚出，完成推球动作。

站位　　　推球发力　　　球出手

图9-3-2

三、球的位置

推球时,球放在两脚中间,偏向左脚,比击球的位置略后一些。

四、运动中推球

运动中推球是常见的实用技术,握棍方法、两手发力和上体动作基本同静止推球,但球的位置及两脚的位置变化较多,出球方向也根据脚步位置不同而不同。常用的运动中推球技术(见图9-3-3)有:

(1)双脚平行,向左推球;
(2)左脚在前,向左或向前推球;
(3)右脚在前,向左后推球;
(4)右脚在前,向左前推球;
(5)上右脚向右,向前或向右前推球。

图 9-3-3

第四节 挑球

挑球在曲棍球运动中一度被视为次要的技术，但随着规则的改变和人造草皮场地的出现，挑球技术逐渐被重视起来。在打快攻、对付中场多人紧逼或后场长传反击战术时，经常利用挑球技术，许多前场进攻突破都是从挑球开始的。挑球技术包括握棍方法、基本姿势和运动中挑球等。

一、握棍方法

挑球的握棍方法（见图 9-4-1）是：

(1) 基本上同推球握法，只是有时两手的间距略大一些；

(2) 另一种握法是棍面向上，两手虎口正对棍面，在这种握法的基础上，有时也交换两手的位置，右手在后，左手在前。

图 9-4-1

二、基本姿势

挑球的基本姿势（见图9-4-2）是：

（1）左脚在前，右脚在后，两脚的跨度比推球略大一些，大幅度屈膝；

（2）开始准备时，重心完全在后脚上，尽量降低；

（3）随着挑球动作的完成，重心提起并逐渐移至左脚上，同时右腿蹬直，右手配合向上用力，而左手则向下用力，将球挑向左前方或正前方；

（4）球的位置同推球，挑球时棍叶底部紧靠球后侧下部。

图9-4-2

三、运动中挑球

运动中挑球的动作方法（见图9-4-3）是：

（1）首先要调整球的位置；

（2）对于向前滚动的球，追上球后，先将棍面翻转朝下压球；

（3）然后轻轻往回带一下球，再迅速翻转，棍面朝上，插入球的后侧底部将球挑起。

图 9-4-3

第五节 推挑球

推挑球介于推球和挑球之间，是在推球的基础上发展起来的，常用于越过对方球棍的堵截、躲过对方的铲球和低空穿越性传球，也可在罚点球射门时使用，动作方法（见图 9-5-1）是：

（1）握棍方法、脚步站位、上体姿势、球的位置和发力情形同推球；

（2）在球出手的瞬间，同时翻转手腕，使棍头向上用力，右手向上旋，左手往下翻，使球被推挑离开地面。

图 9-5-1

第六节 停球

停球是一项重要的基本技术,如果停不到球,所有个人技术、配合和战术都无从开始。停球技术包括握棍方法和停球方法等。

一、握棍方法

停球的握棍方法(见图 9-6-1)是:
(1)与推球握棍法基本相似;
(2)有时为了更有把握,两手间距离可略大一些,身体重心再低一些。

图 9-6-1

二、停球方法

停球方法包括正面停球、右侧停球、左侧停球、反手停球、单手停球和运动中停球等。

(一)正面停球

正面停球的动作方法(见图9-6-2)是：

(1)两脚水平分开,膝关节略前屈,重心平分在两脚上,上体前屈；

(2)左臂屈肘并前伸,使球棍与地面形成小于90度的夹角,这样能把球停在棍下,便于控制；

(3)初学者在停球时,先要使球棍棍头对准来球,做引球状,在球棍接触球的瞬间棍头往后一摆,左手往前伸,球棍向前倾斜,球自然停在棍下。

图 9-6-2

(二)右侧停球

右侧停球的动作方法(见图 9-6-3)是:

(1)双脚可平行站立,也可左脚在前,左膝前屈,重心偏于左脚上,右脚在后,右腿略伸直,双手握棍与姿势同上;

(2)对于离右侧较远的球,右脚往往在前才能停到球。

图 9-6-3

(三)左侧停球

左侧停球的动作方法(见图 9-6-4)是：
(1)首先翻转棍头使钩嘴朝里(转向身体)，棍面向前，球棍置于身体左侧，左手心对着来球方向，右手心向后；
(2)两脚平行，重心在两脚上，也可右腿在前略前屈，左腿在后略伸直。

地掷球 曲棍球

图 9-6-4

(四)反手停球

反手停球即钩嘴朝下来停球。对于从右侧来球或是离身体左侧较远的来球,常使用反手停球,动作方法(见图9-6-5)是:

(1)钩嘴朝下,球棍置于身体左侧,左手心背对着来球方向,右手心向前;

(2)两脚前后站立,重心在前脚上,左腿略前屈,右腿在后略伸直。

图 9-6-5

（五）单手停球

单手停球是常见而又实用的技术动作，特点是球棍与地面夹角小，堵截的面积大，控制的范围大，动作方法（见图9-6-6）是：

（1）单手握棍，首先翻转棍头使钩嘴朝里（转向身体），棍面向前，球棍置于身体一侧，持棍手心对着来球方向；

（2）两脚平行或略前后开立，重心在两脚上，也可前腿略前屈，后腿略伸直。

图9-6-6

(六)运动中停球

运动中停球是比赛中常用的停接球技术，具有重要的实战意义。它要求所有的停球动作在运动中连贯完成。这种停球不一定完全停死，一般是将球停在理想的运动路线上，便于跑动中完成下一个动作，从而达到重新接触球的目的，这就要求停球时两眼始终紧盯来球，随时调整脚步和姿势，重心要低。

第七节 垫击球

垫击球也叫折转球，常用来一次触球折转或近距离垫击打门，是一项得分技术，特点是不需要停球，没有专门的击球动作，出球灵活巧妙，动作方法是：

利用来球自身的力量和速度，用球棍以需要的角度去接触球（有时也顺势加上一点外力），使球改变方向而折转到理想的传球位置或射门。

第八节 单手技术

除了前面讲过的单手停球技术外，在比赛中常需要单手持棍来抢球、断球、击球、钩拉球或破坏对方控制球，这些技术统称为单手技术。单手技术对于左、右手都是一样的，除持棍略有区别外，动作性质左右相同。单手技术主要包括钩拉球、铲搓球和抡扫球等。

一、钩拉球

钩拉球常在运动中进行，结合运球可用来过人，动作方法（见图 9-8-1）是：

（1）当球处于左前较远处而又需要将球拉回时，用左手紧握棍柄末端，左脚向前跨一大步，同时上体前屈，降低重心，伸出左臂使棍面朝下，把球钩拉向自己；

（2）或是靠前臂和腕力用棍头点敲球前部，使之弹跳回来；

（3）当球被钩拉回来时，双手持棍，重新控制球。

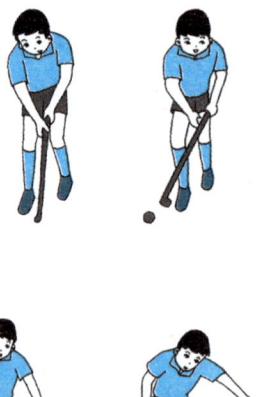

图 9-8-1

二、铲搓球

铲球和搓球往往结合在一起配合使用，即在铲球的同时配合做搓球的动作，动作方法（见图9-8-2）是：

（1）手握棍柄的末端（留出一拳之长），棍面向上，两脚前后或左右叉开站立，屈膝，上体前倾，做短而快的向前铲球的动作；

（2）有时要结合向前跨一步并配合搓起的动作，往往用在正面防守；

（3）破坏对方控制球或跑动中向前运球时，可用铲搓动作越过对方的堵截，这既是运控球技术，又是防守抢球技术；

（4）使用右手铲搓球时，右手要握在球棍的中上部较顺手的地方；

（5）双手握棍也能做铲搓球的动作，只不过控制范围小，且多用于运球过人。

图 9-8-2

三、抢扫球

正面抢扫球常带有危险性,是规则所不允许的,而侧面单手抢扫球却是抢断球的一个绝技,尤其是左手抢扫球对于任何人都是十分重要的。无论原地、向前跨步或跑动行进中的抢扫球,都能收到很好的破坏对方控制球的效果,动作方法(见图9-8-3)是:

(1)抢扫球时,左脚向前跨一大步,重心落在左脚上,上体尽量前倾;

(2)同时松开右手,左手腕猛向外翻转用力,前臂随之向外抡展;

(3)右手松开时,顺势推棍加力,即完成抢扫球的动作。

图 9-8-3

第九节 运球

运球是个人技术中最重要的基本技能，也是个人战术的一个组成部分。运球过人的能力是衡量个人技术水平的标志。熟练地掌握各种运球技巧对每个队员都具有重要的意义。在运球时，不断地改变行进方向、变换速度、调整身体位置和步伐、变换握棍手法，是发挥高水平运球技术的重要基础。运球技术包括原地运球、运动中运球和曲线运球等。

一、原地运动

原地运球即原地拨动球，动作方法（见图 9-9-1）是：
（1）左手握紧棍柄的末端，虎口对着棍背，食指伸贴在棍柄上；
（2）右手抓握棍柄中部呈空拳放松，便于球棍转动；
（3）球棍与左手腕形成一个转动轴，右手为转动支点，使棍头向左做上下翻转运动；
（4）随着球棍的转动和右手推拉的动作，左右拨动运球，球在转动的棍头的包含之中，左右移动；
（5）球在正前方距两脚连线 25～40 厘米处，两眼盯球，保证有效视野在 3～4 米左右。

图 9—9—1

二、运动中运球

　　运动中运球的握棍方法基本同原地运球，两手的动作根据球的运动情况应更为灵活，球应始终控制在前方或右前方；身体要适当前倾，两腿略屈，降低重心，脚步移动速度要与球速相适应；运球的路线应有直有曲，速度应有快有慢。运动中运球包括右侧推球行进和拨转球行进等。

(一)右侧推球行进

右侧推球行进常在平整的场地上使用,动作方法(见图9-9-2)是:

(1)握棍方法同推球;

(2)将球置于右侧前方,用棍面紧贴球,向前推球,始终保持球不与棍面脱离。

图 9-9-2

（二）拨转球行进

拨转球行进的动作方法（见图9-9-3）是：
(1) 在原地运球的基础上，迈开步伐前进；
(2) 球不离开球棍，棍头上下翻转不离开球，使球左右移动，并呈"之"字形向前跑动。

图 9-9-3

三、曲线运球

曲线运球，即运球时路线呈曲线，它是比赛中最实用的综合性运球技术，动作方法（见图9-9-4）是：
(1) 球做大幅度的左右摆动，变向跑动，形成一条曲线运动；
(2) 球离身体较远时，要结合单手持球钩拉、敲击等动作。

QUGUNQIU JIBEN JISHU 曲棍球基本技术

图 9—9—4

第十节 反棍弹击

反棍弹击球是控制球并快手出球的技术动作，可用来传球，如果加上搓起的动作，也可用来射门或运球。这一动作常在运球过程中做隐蔽式传球，在过人时运用也能收到出其不意的效果。反棍弹击的动作方法(见图 9-10-1)是：

(1)握棍法与推球的握棍法相同；

(2)右脚在前，将球拨到左脚前，随即将球棍翻转过来，钩嘴朝里，棍面朝前；

(3)弹球前，重心移到左脚上，同时用左手腕控制球棍的棍头，使其向后摆；

(4)双手同时用力，棍头向前摆，将球弹击出。

图 9-10-1

第十一节 守门员技术

守门员在射门区内需要灵活而多样的技术，其中基本技术包括踢球基本姿势、停挡球和站位与出击等。

一、踢球基本姿势

踢球基本姿势包括原地踢球、铲球和倒地踢球等。

（一）原地踢球

原地踢球的动作方法（见图 9-11-1）是：

（1）预备姿势。膝和腰要适当弯曲，膝关节前屈，上体前倾，两脚向前平行，重心平落在两脚前掌上，全身保持平衡，两眼紧盯来球；

（2）踢球时，随着上体重心提起，支撑脚顺势向前跨出（一般向哪一侧迈出，就向哪一侧踢球），同时另一脚用脚前部用力踢球；

（3）踢球的同时身体重心应随踢球脚向前移，增加出击力，上体仍保持适当前倾；

（4）必须单手持棍；

（5）向两侧踢球，靠支撑脚迈出的方向和上体自然转体来带动踢球脚而向侧面踢球，即向左侧踢球时，迈出左脚、向左转体、右脚踢球，向右侧踢球时，迈出右脚、向右转体、左脚踢球。

图 9-11-1

(二)铲球

铲球是守门员主动出击的一项破坏性解围技术,运用铲球可以处理掉比踢球远的球。守门员常利用对方对球失去控制或即将控制球的时间差,以铲球方式抢先将球处理掉,动作方法（见图9-11-2)是：

(1)身体向后或向一侧倾倒,一只脚伸向来球方向铲球,另一条腿弯曲,铲球腿异侧手支撑；

(2)铲球时要求动作准确,一般用脚底弓,要求一次奏效。

图 9-11-2

(三)倒地踢球

倒地踢球是一种富有冒险性的解围技术，一般只在一对一的情况下，在对方做大幅度摆脱过人时使用，动作特点是倒地与踢球几乎同时进行，横扫面积大，动作方法（见图 9-11-3）是：

当接近球时，突然倒地，形似堵截，但又顺势横扫小腿，将球踢出。

图 9-11-3

二、停挡球

停挡球是守门员应具备的基本技术，是纯粹的防守性的动作，用来直接保护球门，包括双腿挡球、单腿侧挡球和手挡球等。

(一) 双腿挡球

双腿挡球的优点是停挡面积宽，把握性大，球能停在控制范围内，便于与下个动作的衔接；缺点是移动不灵活，对封堵两侧较远的球不适用，动作方法（见图9-11-4）是：

双腿靠拢，挡球时膝关节前屈，使小腿与地面成一定角度，使球不至于反弹太远，便于对球的重新控制或处理。

图9-11-4

(二)单腿侧挡球

单腿侧挡球常用于停挡两侧的来球,动作方法(见图9-11-5)是:

(1)出击前两脚不要并得太紧,也不能分开超过肩宽,同时身体重心下降,上体和膝略前屈,如果身体直立,会影响出腿的幅度;

(2)对于较远的球,要尽力将腿伸出,这往往使支撑腿呈半跪坐姿势,此时应尽快恢复站立。

图 9-11-5

(三)手挡球

守门员除了用球棍和脚停球以外,还可以用手挡球,动作方法(见图9-11-6)是:

(1)用手臂的任何部位将球挡出;

(2)不能将球抓住,也不能扑打,更不能用外力使球改变方向。

图 9-11-6

三、站位与出击

守门员除具备基本技术外，还必须能够正确地站位和适时地出击。

(一)站位

守门员的活动范围虽然很小，但也不应该站在门前不动，站位的方法是：

(1)不能离门太远，要根据球在球场上的位置而选择站位；

(2)要距离球在的一侧门柱近些，观察场上形势，双腿略弯曲，随时准备出击或防来球。

(二)出击

出击是守门员的一种重要的防守技术，当后卫被突破时，进攻

者与守门员形成一对一的局面,这时守门员就要果断出击,动作方法(见图 9-11-7)是:

(1)封堵射门角度;

(2)截断对方的球,或将球停挡住,或用铲踢的方法直接解围。

图 9-11-7

第十章 曲棍球基础战术

战术的应用是比赛胜负的关键,要根据自己队的实力和对方的实力与特点选择不同的战术打法,发挥本队的长处,攻击对方的弱点。基础战术包括基本战术打法和战术阵形选择等。

第一节 基本战术打法

曲棍球的基本战术打法与足球很相似,但也具有自身的特点,常见的战术打法有右路进攻战术、快速反击战术、边锋下底传中战术、转移包抄战术、固定球战术和破坏性战术等。

一、右路进攻战术

右路进攻战术源于曲棍球的规则特点。由于规则规定只准棍面触球,所以进攻时在右侧控制球要方便得多,而从左侧抢球、控制球就很困难,再加上右路的防守也较顺手,所以就逐渐发展成以右路进攻为主的战术。

二、快速反击战术

在对方全线进攻、反复推进之时,抓住机会以长传和高挑球方式进行快速反击,常能有效地利用对方后方的空虚获得成功。现代曲棍球比赛中,在势均力敌的情况下,快速反击战术往往可以打开局面。

三、边锋下底传中战术

边锋下底传中战术是指，利用场地的宽度，边锋高速从两边打开缺口，带球下底传中射门。这是最具威胁力的战术之一，而且两翼拉开，往往也能给中路突破带来机会。这个战术运用得好，能将全场战术打活，且富有主动权。

四、转移包抄战术

转移包抄战术是指，在进攻中利用三角配合或长传，转移进攻方向，由另一侧包抄突破或打门。由一侧组织进攻，吸引对方的防守，另一侧就会留出空当，此时本队队员及时包抄，攻其不备。

五、固定球战术

固定球战术是指，在射门区内利用规则迫使对方犯规，制造门前任意球或点球的机会；或者利用前场边线球、短角球、长角球的机会，直接吊冲补门或迂回破门。这个战术如果利用得好，经常能收到事半功倍的效果。

六、破坏性战术

破坏性战术是指,领先一方为了保持比分、维持领先而采取的拖延时间的战术。例如,领先一方将球重击出对方端线,或击出远端的边线来瓦解对方攻势和意志。这种方法可以轻而易举地瓦解对方,轻松地获得胜利。

第二节 战术阵形选择

现代曲棍球比赛战术阵形的发展越来越朝着全攻全守,增加中场争夺力量的趋势发展。基本战术阵形包括倒锥塔式阵形、均衡式阵形和欧洲式阵形等。

一、倒锥塔式阵形

倒锥塔式阵形即 5—3—2—1 阵式(见图 10-2-1),也叫全面技术型。

图 10-2-1

二、均衡式阵形

均衡式阵形即 4—3—3—1 阵式（见图 10-2-2），是从倒锥塔阵形发展而来的。

图 10-2-2

三、欧洲式阵形

欧洲式阵形即 3—3—3—1—1 阵式(见图 10-2-3),也叫全攻全守型。

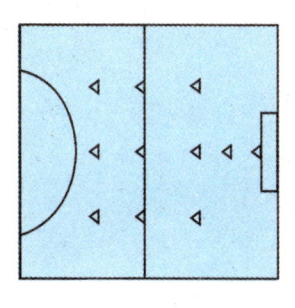

图 10-2-3

需要明确的是,比赛的成功与否并非完全取决于战术阵形,没有哪一种阵形能保证比赛获胜,胜负的根本取决于执行战术阵形的人。因此,应根据球队的水平和队员的组成,以及平时训练的基础去选择阵形。如果不考虑本队特点,生搬硬套地追求所谓的先进阵形,是注定要失败的。

第十一章 曲棍球比赛规则

没有规矩不成方圆,运动的乐趣不仅来源于运动技巧。在规则的指导下,合理规范地进行体育锻炼,可以让锻炼者得到极大的充实与满足感。曲棍球比赛过程要有一定的程序,还要有裁判进行监督判罚,保证比赛的公平和公正,使比赛顺利进行。

第一节 程序

曲棍球比赛要按照一定的程序进行，包括参赛办法和比赛方法。

一、参赛办法

(一)参赛人数

双方同时上场人数不准超过 11 人，其中包括 1 名守门员。

(二)比赛时间

(1)全场共 70 分钟，分为两个半时，每半时 35 分钟；
(2)两个半时之间休息 5～10 分钟；
(3)整场比赛中，除罚点球和裁判员因故暂停比赛外，不准叫停。

二、比赛方法

(一)赛规

比赛在两队之间进行，每队最多可有 16 名队员，但同一时间

内上场比赛的队员不得超过 11 名。16 名队员均可替换上场,其中必须有 1 人为守门员。

(二)比赛方式

1. 换人

比赛中,经临场裁判允许可以随意换人,下场队员还可重新上场。

2. 越位

为了提高比赛的观赏性,增加进球的可能性,使比赛更加富有趣味,曲棍球比赛取消了越位,这使曲棍球战术发生了许多变化。

3. 阻拦

阻拦是曲棍球运动的特殊规定,对运动的健康发展有着重要的作用。它的根本目的在于保护运动员的安全。当队员控制球或即将控制球时,对方队员跑入或转身处于人球之间,妨碍队员继续控制球,即为阻拦。

如果控球队员遇到对方抢截时,持球用转身、跨腿掩护球,或同队队员交叉掩护妨碍对方抢球,均属阻拦犯规。这条规定是根据曲棍球特点而做的特殊规定,同其他球类运动有着根本的区别。在足球和篮球比赛中用身体掩护球及交叉掩护的战术,在曲棍球竞赛中都是犯规的。

4. 关于身体接触

曲棍球运动发展的灵魂就是没有身体接触,也没有合理冲撞的规定。这是曲棍球运动得以发展的根本保证。从这个意义出发,

曲棍球运动中还不准用球棍击打或干扰对方球棍，也不准以球棍来拦截对方,用球棍打人更是不允许的。这些有意义的规定,使曲棍球运动具有很强的技巧性。

5.角球

曲棍球的角球有两种,一种叫长角球,同足球的角球很相似;另一种叫短角球,是对守方犯规的一种处罚。

(1)长角球

当守方在后场区内无意将球碰出本方端线时,罚长角球。新规则规定长角球在边线上距角4.5米处以内的地方发球。长角球不能直接射门。新规定的长角球在战术上有着更为灵活的变化。

(2)短角球

一般情况下，对守方在后场区的故意犯规和射门区内的无意犯规都将被判罚短角球。

罚短角球时,守方只能有5名队员参加直接防守,他们必须在球未发出之前退到端线以外（包括守门员),其他6名队员必须退到中线之后。攻方参加进攻人数不限,但他们必须站在射门线之外（见图11-1-1)。在球未移动之前,守方不能提早越过端线和中线,攻方也不能进入射门区。

攻方在罚短角球时,必须经过停球才能射门。停球必须使用球棍,球要相对静止,停球后的"第一次射门"必须低于门挡板才有效,击高球视为犯规。

短角球是一个具有创造性的特殊规定，给曲棍球运动的发展带来新的生命力。它促进了技术的发展,增加了进球的可能性和机会,也给曲棍球带来了无穷的乐趣,同时也是对犯规一方处罚性的判罚手段。

短角球基本站位

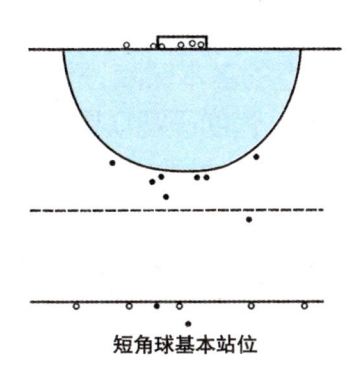

图 11-1-1

6. 点球

同足球一样,曲棍球规则中也有罚点球的规定。这是对守方在射门区内故意犯规从而影响攻方进球的一种处罚手段。

点球点距离球门线只有 6.4 米。要求攻方队员只限用球棍推球或推挑球射门,不准击球。而且只准向前跨一步,不许助跑。

罚点球是一次性进攻,无论球是否罚进都成死球,不准补射。

7. 脚球

队员在比赛中不准用身体任何部位挡球,更不准用脚接触球。但守门员在射门区内享有特权,他可以用身体任何部位去停挡球,可以用脚踢球,但不准抓球和抛球。如果守门员离开射门区,就没有这个特权。

第二节 裁判

裁判是比赛顺利进行的基本保障,是比赛公平、公正的基础。了解裁判工作的相关知识,有助于观众更加深入地欣赏比赛,也有助于运动员充分发挥自己的技战术水平。

一、裁判员

(一)组成

每场比赛由两名裁判员掌握比赛,执行规则。他们是公平竞赛的唯一的裁决人。场上队员或替补队员,无论在场上还是在场外,包括黄牌或红牌受罚期间,均受这两名裁判员的管辖。

两名裁判员在整场比赛中不交换场地,他们的职责是:

(1)主要负责本半场的判罚;

(2)确保比赛打满整场比赛时间或商定的比赛时间;

(3)在上、下半场到时或因继续短角球的判罚而延长比赛时,负责鸣哨示意上半场或全场比赛的结束;

(4)完全负责本侧边线和本半场端线球出界的判罚;

(5)完全负责本半场内长角球、短角球、点球和进球,以及本半场弧内任意球的裁决和判罚;

(6)对进球和罚牌做出书面记录;

(7)比赛中或中场休息时不得对运动员进行指导。

(二)三色牌的使用

裁判员使用三种颜色的牌,对那些粗野、不道德行为以及危险的举动进行判罚。

1. 绿牌——警告牌

出示绿牌即为提出警告。

2. 黄牌——暂时出场牌

出示黄牌即判暂时出场停止比赛5～10分钟,具体时间由出示黄牌的裁判员掌握。恢复比赛也必须经该裁判员的允许。最新裁判法由计时员掌握被罚出场时间,到时恢复上场。

3. 红牌——取消比赛资格牌

出示红牌即为取消该队员当场比赛资格。如某人被罚红牌,除本场外还自动停止下一场比赛资格。

被出示黄牌和红牌的队员在受罚期间不准被替换,该队也不准增补场上人数。

二、评分规则与方法

规则规定,只有在射门区内攻方队员触球射门,而使球进入球门,方为进球得分;如果在射门区外射门,即使命中也无效,判作球出界,由对方发球。这一规定使射门区的攻防更加激烈,攻方必须首先攻入射门区,然后才能射门,而守方则尽力在射门区外布防。

三、犯规

犯规包括利用球棍和比赛器具犯规，以及利用身体和手脚犯规。

（一）利用球棍和比赛器具犯规

(1) 故意用球棍的背面打球；
(2) 在手中没有球棍的情况下参加或干扰比赛；
(3) 以球棍的任何部位超过肩部打球；
(4) 举棍过头；
(5) 以危险、恐吓或妨碍对方的方式使用球棍；
(6) 以危险或可能导致危险的方式打球；
(7) 击、钩、撞、踢、推、绊、击打、抓抱其他队员或其他队员的球棍、服装；
(8) 向场地、球、其他队员或裁判员抛掷任何物品、比赛器具。

（二）利用身体和手脚（守门员除外）犯规

(1) 用手挡球或抓球，但用手防范危险的高球时除外；
(2) 故意用身体的任何部位挡球、踢球、推动球、拣球、抛球或持球；
(3) 抢球时用脚或腿支撑球棍；

（4）故意进入对方的球门或站在对方的球门线上；

（5）故意从球门后跑过。

四、对运动员的处罚

（1）对粗野或危险动作、不良行为（包括队长未履行规则规定的职责）或任何故意犯规，裁判员除给予相应的判罚外，还可以口头警告犯规队员；绿牌警告犯规队员；出示黄牌，将犯规队员暂时罚出场，时间不少于5分钟（纯比赛时间）；出示红牌，取消犯规队员本场比赛资格。

（2）受黄牌处罚的运动员应待在指定区域，直至向其出示黄牌的裁判员示意，允许其恢复比赛。

（3）受黄牌处罚的运动员中场休息时可以回到自己的队中，但应在下半场比赛开始前回到规定的受罚区域。

（4）对替补队员的不良行为，裁判员可予以警告或出示绿牌、黄牌或红牌；替补队员黄牌受罚期间，该队场上队员应减少一人；如替补队员被出示红牌，该队在该场比赛的剩余时间里应减少一人。

（5）受红牌处罚的运动员不得留在赛场内及其周边。